Eliana Pacco

As Perguntas e Respostas da Umbanda

São José dos Campos/SP
Edição da Autora
2016

Ilustrações desenvolvidas e cedidas para esta obra por
Cláudia Amaral Argoud *(argoudclaudia@gmail.com)*

Proibida a reprodução total ou parcial desta obra, de qualquer forma ou por qualquer meio eletrônico, mecânico, inclusive por meio de xerografia, incluindo o uso da internet, sem a permissão expressa da autora.

E-mail elianapacco@gmail.com

Copyright © 2016 Eliana Pacco
Todos os direitos reservados.
ISBN: 9781520726090

Para **DANIELLA ALVARENGA**

SUMÁRIO

A RELIGIÃO DE UMBANDA 13
    Como Surgiu A Umbanda 18
    A Umbanda Tem Fundamento, É Preciso Preparar! 24
OS ORIXÁS NA UMBANDA 31
    Os Orixás e Suas Vibrações 37
Oxalá 37
Ogun 38
Oxóssi 39
Xangô 42
Yemanjá 43
Oxum 47
Oyá - Iansã 49
Omulu/Obaluaiê 50
Nanã Buruquê 52
Ossaîn 54
Exu 56
    Orixá De Frente, Adjuntó E Ancestral 58
    Orixás Do Pano Branco (Funfun) - Oxaguian, Oxalufan, Obatalá, Orixalá, Oxalá 66
    Zambi, Olorun, Olodumáre, Tupã 68
LINHAS DE TRABALHO 70
    Os Guias 71
    Falangeiros e Capangueiros 81
    Guia Chefe 83
Caboclos 84
Pretos Velhos 89
Crianças / Erês 95
Baianos 98
Boiadeiros 104
Marinheiros 109
Ciganos 113
Linha Do Oriente 117
Malandros 120
Elementais Ou Espíritos Da Natureza 125
COMO INTERPRETAR OS NOMES DOS GUIAS 129

EXUS, POMBOGIRAS E MIRINS 131
    Exu, O Senhor Do Livre Arbítrio 133
    Pombogira 140
    Exu Mirim E Pombogira Mirim 147

Bebidas E Oferendas Aos Exus E Pombogiras 148
MEDIUNIDADE NA UMBANDA 149

    O Médium da Umbanda 156
    Desenvolvimento 162
INCORPORAÇÃO NA UMBANDA 170

Incorporação Consciente 171
Incorporação Semiconsciente 173
Incorporação Inconsciente 173
    Animismo e Mistificação 177
OBSESSÃO, POSSESSÃO E VAMPIRISMO 185

O QUE SÃO AS GUIAS E PARA QUE SERVEM 197

OFERENDAS 202

MAGIA E SEUS ELEMENTOS 207

Ponto Riscado 207
Pemba 209
Pólvora 210
Folhas e Ervas 212
AS VELAS 213

BEBIDA E FUMO 216

LITURGIA, RITOS E SACRAMENTOS 220

Assentamento 221
Firmezas 223
Tronqueira 225
Bater Cabeça 225
Cruzar 226
Consagrar 226
Imantar 227
Sacudimento 227
Passe 228
Roupa Branca 228
Banhos 229
Gongá 232
Gira 233
Amací 236
Deitada 237
Coroação 237
Batizado, Casamento e Funeral 238
ORGANIZAÇÃO, CARGOS E PRÁTICA 241

Dirigente 241
Mãe Pequena e Pai Pequeno 243
Cambone 243
Ogãs ou Curimbeiros 244
Atabaques ou Curimbas 246
Pontos cantados 249
TEMAS GERAIS **251**

Telepatia 251
Aruanda 252
Egrégora 253
Catimbó, Jurema Sagrada e Juremá 253
Humaitá 258
Demanda 259
Catiço 259
Canjira 259
Yorubá, Iorubá E Nagô 259
GESTUAIS E SAUDAÇÕES **260**

ZÉ PELINTRA **267**

PARA PENSAR **269**

NOTA DA AUTORA

Aos que dizem que as religiões de matriz africana pertencem ao diabo por que não são cristãs (errado, são sim), gostaria de propor a seguinte reflexão: considerando que o termo Cristão foi criado pelo evangelista São Lucas para identificar os seguidores de Jesus Cristo, entende-se que cristão é todo aquele que segue os ensinamentos do Cristo.

Os que atacam com virulência a Umbanda, respondam a si mesmos:

Tudo quanto, pois, quereis que os homens vos façam, assim fazei-o vós também a eles; porque esta é a Lei e os Profetas (Mateus 7.12). Você pensa primeiro em si e nos seus e só depois no próximo, como por exemplo, nos irmãos em Cristo que escolheram religião diferente da sua? E quando insulta e agride, ou se cala e não reage, sendo omisso às agressões impostas aos que professam religião diversa, está sendo cristão?

Se teu irmão pecar [contra ti], vai argui-lo entre ti e ele só. Se ele te ouvir, ganhaste a teu irmão (Mateus 18.15). Você tem humildade e amor quando é alcançado pelo que considera erro ou maledicência? Ou se cala apenas perante má língua contra os que praticam religião diferente da tua? Assume os enganos ou coloca a responsabilidade sobre o outro? E sendo chamado a mediar conflito procura apaziguar os ânimos sem dar palpite e fazer fofoca? Quando se cala perante o caluniador você está sendo cristão ou você pertence ao diabo?

Não acumuleis para vós outros tesouros sobre a terra, onde a traça e a ferrugem corroem e onde ladrões escavam e roubam *(Mateus 6.19)*. Quanta energia você desprende para ter, possuir, acumular dinheiro, propriedades móveis, imóveis? Será a mesma que dedica para o crescimento espiritual? Está sendo cristão quando condena os pobres Terreiros, geralmente dirigidos por pessoas simplicíssimas que dedicam para a caridade o pouco tempo que lhes sobra para o descanso, quando os teus templos e igrejas são cobertos de luxo e riqueza, e os dirigentes se prostituem nos porões do poder?

Aos que agridem nossos Terreiros, ofendem irmãos em Cristo porque "ousam" escolher caminho diferente para chegar ao Pai, proponho aqui uma última reflexão:

A candeia do corpo são os olhos; de sorte que, se os teus olhos forem bons, todo o teu corpo terá luz; Se, porém, os teus olhos forem maus, o teu corpo será tenebroso. Se, portanto, a luz que em ti há são trevas, quão grandes serão tais trevas! *(Mateus 6:22-23).*

Saravá!

A RELIGIÃO DE UMBANDA

O QUE EU DEVO LEVAR EM CONTA QUANDO FOR ESCOLHER UM TERREIRO PARA FREQUENTAR? Se o comportamento do Dirigente se enquadra rigorosamente dentro das normas éticas, se os médiuns são pessoas que se comportam com seriedade dentro e fora do Terreiro, se há afinidade com as regras que norteiam a Casa, e se há identificação com o conjunto de ritos e atitudes através dos quais se presta reverência aos Guias e Orixás.

COMO SABER SE O TERREIRO É SÉRIO? Em primeiro lugar desconfie de lugares que cobram porque Umbanda é caridade e não deve haver cobrança. Assim como também não deve ser um templo de adivinhação porque esse não é o propósito, como toda religião a Umbanda busca tão somente trazer a evolução moral e espiritual para seus seguidores. Preste atenção à postura dos que ali trabalham, desde o Dirigente até os médiuns, porque no Terreiro deve reinar a paz e a fraternidade, deboches e fofocas falam muito do lugar e dos participantes. Conversas sobre outros assuntos durante a Gira e "risadinhas" são sinais claros de falta de comprometimento com a espiritualidade. Atenção ao comportamento das Entidades incorporadas principalmente em Gira de Esquerda porque é normal que Exus e Pombogiras façam uso do fumo e da bebida como ferramentas úteis aos seus trabalhos, mas havendo bebedeira deve-se redobrar a atenção porque excessos não fazem parte do ritual de Umbanda. Avalie os conselhos recebidos dos Guias. Ouça com atenção as letras dos pontos cantados e se houver referência ao diabo, satanás e outras figuras esdrúxulas saiba que não fazem parte da realidade umbandista, e caso ocorra verifique se trata de sincretismo com a religião católica ou se faz parte do fundamento do Terreiro. Os trabalhos espirituais podem e devem ser feitos às vistas de todos e explicado o que está sendo feito, sem que haja promessas de milagres, porque na Umbanda como na vida tudo acontece pela força da fé, e episódios maravilhosos não são oferecidos em Terreiros sérios. Se houver menção para que se realizem vários trabalhos com a finalidade de afastar maus espíritos ou trazer sorte, marido, esposa, desconfie. Por fim é importante dizer que assim como a maioria das igrejas é boa, também a maioria dos Terreiros é bom, e os procedimentos aqui descritos não são praticados em Casas de Umbanda.

EU ESTOU COM DIFICULDADE FINANCEIRA. SE FREQUENTAR TERREIRO DE UMBANDA E PEDIR AJUDA AOS GUIAS CONSEGUIREI BOAS OPORTUNIDADES PARA GANHAR DINHEIRO? Os Guias não dão nada a ninguém, essa não é a finalidade de uma religião. Os Guias dão os instrumentos e mostram a direção, mas cada um caminha com suas próprias pernas. Umbanda não é balcão de troca onde a pessoa dá 10% de seu rendimento em troca de vida financeira melhor. Se umbandista sugerir isso a qualquer dos Guias eles vão mandar estudar e trabalhar para melhorar de vida.

ESTOU DOENTE FISICAMENTE. A UMBANDA É INDICADA PARA MINHA CURA? Não. A indicação é que procure um médico ou um hospital. Umbanda é religião! A finalidade de uma religião é curar os males da alma, do corpo físico cuidam os médicos e enfermeiros. Aos Guias se pede iluminação para os profissionais que tratarão a doença, esperança e coragem para enfrentar a moléstia.

ESTOU DESEMPREGADO. A UMBANDA É INDICADA PARA EU CONSEGUIR UM EMPREGO? Não se pode confundir Terreiro de Umbanda com consultoria de recursos humanos. Ao que está desempregado aconselhamos procurar uma agência de empregos. Umbanda é religião! Ninguém consegue um bom emprego se não estiver preparado para disputar a vaga com outros que também a querem.

SE EU SAIR DA UMBANDA MEUS GUIAS FECHARÃO MEUS CAMINHOS? Não se pode perder de vista que quem abre e fecha caminhos é engenheiro civil. As Entidades que trabalham na Umbanda respeitam o livre arbítrio e tem mais o que fazer. Os Guias são Espíritos de Luz que só querem o bem, não castigam ninguém nem fecham caminhos.

"QUERIA PARAR DE FREQUENTAR O TERREIRO, MAS NÃO POSSO PORQUE AS PESSOAS NECESSITAM MUITO DE MINHA AJUDA ESPIRITUAL." Quem pensa assim é bom que reflita que cada um é somente mais um trabalhador de uma corrente mediúnica, cujo trabalho continuará sem sua presença. No Terreiro o médium está sendo mais ajudado do que está ajudando. É preciso cuidar para que a caridade não dê lugar à fascinação por si mesmo.

"TENHO MEDIUNIDADE MAIS FORTE DO QUE A MAIORIA E MEUS GUIAS TEM MUITA FORÇA." Não existe medida de intensidade e grandeza da mediunidade, nem existe Guia fraco, forte e mais ou menos. O que existe é médium presunçoso, vaidoso e fútil.

"ENCONTREI NA UMBANDA UMA FORMA DE AUXILIAR O MEU PRÓXIMO". A prática da caridade é a finalidade da Umbanda e abençoado é aquele que faz da compaixão o seu propósito. E se servindo a Deus através da doação o filho de fé encontrar amor, saúde, bom emprego e caminhos abertos, é certo que lhes foram adicionados por merecimento.

A UMBANDA É UMA RELIGIÃO QUE CULTUA O SOBRENATURAL? Depende do que se entende por sobrenatural. Entendendo-se como milagroso, não é sobrenatural porque não existe milagre. Entendendo-se por divino, então sim porque a Umbanda cultua as forças da natureza criadas por Deus. Também tem que considerar que o ser humano chama de sobrenatural tudo o que não entende e não conhece.

POR QUE A MAIORIA CHAMA DE "TERREIRO" O ESPAÇO ONDE É REALIZADO O CULTO DE UMBANDA?

Por herança do Candomblé, cujos templos são chamados de Casas, Roças ou Terreiros. Alguns também denominam Centro como legado do Espiritismo que influenciou a religião em seus primórdios.

É VERDADE QUE SE ENTRAR NA UMBANDA DEPOIS NÃO PODE SAIR PORQUE ATRASA A VIDA?

Pode sair quando quiser que nada de mal acontecerá, a vida não atrasa e nem vai pra frente porque se escolhe frequentar uma religião ou desistir dela. Quando uma pessoa se identifica com os ensinamentos de uma religião a tendência é se tranquilizar, se harmonizar com o mundo espiritual, e isso com certeza é um fator que auxilia o progresso em todos os sentidos. Se estiver em desarmonia consigo até mesmo as questões mais triviais ficam pendentes, sem resolução, então certamente a vida "atrasa". Depois há que se considerar que a pessoa deixa o Terreiro, mas não deixa de ser médium, continua recebendo influência do astral e resta saber se do astral superior ou inferior. Muitos umbandistas vestem branco, vão ao Terreiro e quase nunca faltam, mas grande parte só faz isso. É impaciente com a própria família, não sabe ouvir, adora criticar, não tem boas palavras para os que com ele convivem, e se dentro de casa não tem compaixão certamente fora do lar também não terá. Esses que nunca doam, apenas recebem, não tem a metade da proteção daqueles que não vão a Terreiro nem igreja, não tem nenhuma religião, mas têm a caridade pelo próximo como meta na vida.

NÃO QUERIA SER UMBANDISTA, MAS AÍ COMECEI A RECEBER MEUS GUIAS NA RUA. O QUE FAÇO? Alguém pode pensar que um Guia, um Protetor ou Entidade de Luz possa "tomar" o médium em lugares públicos, expondo-o ao ridículo? A mediunidade desamparada e embrutecida deixa a pessoa à mercê de espíritos trevosos. Ser médium não é um carma a ser resgatado como muitos afirmam, é um dom que todos têm e para alguns uma oportunidade que foi concedida a fim de expurgar maus hábitos. Negar a existência da mediunidade ou fugir dela além de não adiantar ainda não ajuda em nada. Antes de se revoltar é mais inteligente aprender a conviver com ela. Fazer parte de uma corrente em um Terreiro de Umbanda facilita a comunhão com Deus e com os Guias que são espíritos com a missão de nos amparar. Porém se o médium estiver dentro da corrente contrariado, será inútil porque ser umbandista deve ser opção e jamais imposição. Aquele que se mantém harmonizado com o Alto através de orações, vida equilibrada, pensamentos elevados e conduta correta nada de mal pode lhe acontecer, independente da religião que escolha para si.

Como Surgiu A Umbanda

COMO DEVO DEFINIR A UMBANDA QUANDO PERGUNTAM SOBRE MINHA RELIGIÃO? A Umbanda é uma religião estruturada em três princípios básicos que são "Fraternidade, Caridade e Amor ao Próximo"; que acredita em um

Deus único; que reverencia os Orixás entendidos como as vibrações de Deus através da natureza; e que recebe orientação de espíritos denominados Guias que nos ajudam a seguir por um caminho melhor.

UMBANDA E CANDOMBLÉ SÃO AS MESMAS RELIGIÕES? Não. A Umbanda foi fundada pelo Caboclo das Sete Encruzilhadas incorporado no médium Zélio Fernandino de Moraes no começo do século 20 (1908), e o Candomblé criado no Brasil pelos africanos aqui trazidos como escravos ao longo de mais de três séculos (1525-1851). Na Umbanda quem dá consultas, passes e aconselhamentos são entidades espirituais através de incorporação em seus médiuns, e no Candomblé a consulta acontece apenas por meio do jogo de búzios através dos Pais e Mães de Santo. No Candomblé incorporam-se somente os Orixás e na Umbanda jamais se incorporam Orixás. No Candomblé há o sacrifício de animais para obrigação dos médiuns e festas em louvor aos Orixás, e na Umbanda não há sacrifício nem os médiuns fazem obrigações. No Candomblé é preciso que sejam cumpridas várias obrigações para que seja requerido o título de Babalorixá ou Ialorixá (pai e mãe de santo, respectivamente). Na Umbanda o médium pode a qualquer momento ser consagrado sacerdote e tornar-se dono de seu Terreiro, de acordo com a espiritualidade ou sua vontade. São duas religiões diferentes.

ALGUNS PENSAM QUE RELIGIÕES DE MATRIZ AFRICANA COMO O CANDOMBLÉ DEVERIAM SER PROIBIDAS PORQUE NÃO SÃO CRISTÃS! Os que pensam assim certamente gostariam também de proibir o pensamento, porque toda religião quando exteriorizada é uma manifestação do pensamento. Todos têm a liberdade de escolher sua religião, de mudar de religião, de não aderir a nenhuma religião e de ser ateu. Os fanáticos religiosos que agridem com palavras ou atos os que não compartilham de sua crença, nada mais são que meros delinquentes que cometem crime de ódio e pessoas execráveis que ferem a dignidade humana.

UMBANDA E ESPIRITISMO SÃO AS MESMAS RELIGIÕES? Não. O Espiritismo nasceu na França, em Paris, quando em 18 de Abril de 1857 Allan Kardec publicou o "Livro dos Espíritos". A Umbanda nasceu em 16 de Novembro de 1908, quando o primeiro culto foi realizado na casa do médium Zélio de Moraes, em São Gonçalo, no Rio. Mais de 50 anos marcam o advento do Espiritismo do surgimento da Umbanda. São duas religiões diferentes.

A UMBANDA DESAPROVA OS ENSINAMENTOS DE KARDEC? Pelo contrário, os umbandistas devem estudar a doutrina espírita e as obras de Allan Kardec para entender as questões relacionadas aos processos de evolução espiritual, reencarnação, os fenômenos mediúnicos etc.

OS FUNDADORES ESPIRITUAIS DA UMBANDA FORAM O CABOCLO E O PRETO VELHO? Sim, os dois espíritos Caboclo das Sete Encruzilhadas e Preto Velho Pai Antônio foram os iniciadores do que conhecemos hoje como religião de

Umbanda. O Caboclo considerado o criador da Umbanda e o Preto Velho responsável pelos processos de curas das doenças. Posteriormente a Entidade denominada "Orixá Mallet", da vibratória de Ogun, seria o responsável pelos trabalhos de desobsessão (descarrego) e desmanche de magias negras.

É VERDADE QUE O PRIMEIRO MÉDIUM DA UMBANDA FOI UM MENINO DE 17 ANOS? Sim. Seu nome era Zélio Fernandino de Morais, nascido em 10 de abril de 1891, no distrito de Neves, município de São Gonçalo, no Rio de Janeiro. Aos 17 anos incorporou os fundadores da religião de Umbanda, o Caboclo das Sete Encruzilhadas e o Preto Velho Pai Antônio.

É VERDADE QUE OS MÉDICOS DOS HOSPÍCIOS MANDAVAM LISTA COM OS NOMES DOS PACIENTES PARA AS PRIMEIRAS ENTIDADES DE UMBANDA APONTAR QUEM ERA DOENTE MENTAL E QUEM ESTAVA PERTURBADO ESPIRITUALMENTE? Sim, é verdade. Algumas testemunhas contam que médicos de alguns manicômios, como o de Jurujuba em Niterói, enviavam relação com os nomes dos internos para Orixá Mallet, que incorporado em Zélio, indicasse os que tinham distúrbio mental e os que estavam atormentados pelos malefícios da baixa magia ou simplesmente eram perseguidos por obsessores. Contam às testemunhas que no caso dos afligidos por atormentadores a cura era imediata, graças aos procedimentos ritualísticos preconizados pelo Caboclo das Sete Encruzilhadas.

POR QUE AS OUTRAS RELIGIÕES TÊM TEMPLOS E IGREJAS SUNTUOSOS E A UMBANDA QUASE SEMPRE É MUITO SIMPLES? Caboclo das Sete Encruzilhadas preconizou que Casa de "Umbanda só tem sentido se for para a prática da caridade, e para isto basta a copa de uma árvore".

POR QUE NÃO FORAM DITADAS PELO FUNDADOR DA UMBANDA CABOCLO DAS SETE ENCRUZILHADAS REGRAS RELATIVAS À UMBANDA A FIM DE UNIFORMIZAR A RELIGIÃO? SE ELE VEIO COM A MISSÃO DE ANUNCIAR A NOVA RELIGIÃO, ORGANIZÁ-LA E EVANGELIZAR NÃO TERIA SIDO ÚTIL? Não foram ditadas regras talvez para permitir que aquele que seja dotado de mediunidade e afeito a outras crenças possa se tornar um trabalhador sem ter que abandonar seus ideais. A única lei fundamental é que os filhos de Umbanda devem se pautar na humildade, no amor e na caridade. A Umbanda é uma religião que incorpora os elementos de todos os povos que formam nosso país, em especial o índio, o negro e o branco europeu, e nasceu por ordem do astral superior principalmente para a prática da caridade. Mais que isso nós só saberemos quando estivermos preparados para entender.

O QUE É PRECISO FAZER QUEM QUISER SERVIR DE FATO À RELIGIÃO? Ter pureza no coração, cultivar a fé que é a maior alavanca e jamais esquecer de que Umbanda sempre será baseada na simplicidade, no amor, na caridade e na humildade.

O CABOCLO DAS SETE ENCRUZILHADAS SE MANIFESTOU PELA PRIMEIRA VEZ EM UM CENTRO ESPÍRITA? Não. Manifestou-se na casa da benzedeira dona Eva. Dias depois, ao ser levado a Federação Espírita de Niterói (RJ), Zélio foi convidado a participar da sessão e determinou-se que ele sentasse à mesa juntamente com outros médiuns. De repente, tomado por uma força estranha e alheia a sua vontade, ele disse "Aqui está faltando uma flor", e saiu da sala indo ao jardim, de onde voltou com uma flor. Então se deu grande tumulto não só pela atitude inédita de Zélio, mas principalmente porque, ao mesmo tempo em que isso acontecia, ocorreram várias e surpreendentes manifestações de Índios (Caboclos) e Pretos Velhos em todos os médiuns da Mesa de Trabalho. O Dirigente da sessão espírita achou aquilo tudo um absurdo e advertiu-os, com aspereza, citando o "atraso espiritual" em que se encontravam, e convidando-os a se retirarem. Estava evidenciado, desde aquele instante e que perdura até hoje, o preconceito e a empáfia de muitos ditos Espíritas.

ZÉLIO DE MORAES SABIA QUE ELE ESTAVA DESTINADO A SER PRECURSOR DE UMA NOVA RELIGIÃO? Não, muito ao contrário. O choque fica evidente no trecho que transcrevemos em seguida: *"Minha família estava apavorada. Eu mesmo não sabia explicar o que se passava comigo. Surpreendia-me haver dialogado com aqueles austeros senhores de cabeça branca, em volta de uma mesa onde se praticava um trabalho, para mim desconhecido. Como poderia, aos 17* anos, organizar um culto? No entanto, eu mesmo falara, sem saber o que dizia e porque dizia. Era uma sensação estranha, uma força superior que me impelia a fazer e a dizer o que nem sequer se passava pelo meu pensamento".

A Umbanda Tem Fundamento, É Preciso Preparar!

O QUE É FUNDAMENTO? Fundamento é o princípio sobre o qual se apoia e se desenvolve a religião de Umbanda. O conjunto de regras básicas de organização e funcionamento da religião se chama **Fundamento**.

O QUE É RITUAL? Toda religião possui um conjunto de gestos, palavras e formalidades utilizados de maneira simbólica, aos quais se dá o nome de **Ritual**. Na Umbanda os rituais variam de Terreiro para Terreiro na forma, mas são iguais no conteúdo. O fundamental, ou seja, o básico é igual em todos. Por exemplo, em todos existem pontos cantados e pontos riscados, todos usam velas e defumação, banhos de ervas, fumo e bebida, oferendas, enfim, todos esses elementos fazem parte dos **Fundamentos da Umbanda** e a eles nenhum Dirigente ou Guia Chefe pode se opor, e se assim o fizer estará praticando outra religião e não a Umbanda.

QUAL É O NOME CORRETO PARA REFERIR-SE AO LOCAL ONDE SE CULTUA A UMBANDA? CENTRO DE UMBANDA, TERREIRO, TEMPLO, CASA, TENDA? Todos eles são corretos.

A UMBANDA FAZ SACRIFÍCIO DE ANIMAIS? Não, a Umbanda não faz e não admite que se faça em seus Terreiros, pois não é parte do fundamento da religião. Também não aceita maus tratos de nenhuma espécie com os animais porque entende que os animais são nossos semelhantes no quesito da *senciência*, que é a capacidade de sofrer ou sentir prazer e felicidade, e possuem o interesse em permanecer vivos. E por não ser fundamento, quem sacrifica uma vida na religião de Umbanda estará matando para saciar a sede por tônus vital de espíritos malignos. E o retorno será desesperador.

CONHEÇO ALGUNS TERREIROS DE UMBANDA QUE FAZEM USO DE ANIMAIS EM SEUS TRABALHOS! Terreiro que pratica sacrifício de animais para descarrego, oferenda, iniciação ou qualquer outro rito não é Umbanda sob nenhum ponto de vista. A Umbanda anunciada e fundada como religião pelo Caboclo das Sete Encruzilhadas não tem essa prática.

NÃO ESTOU DE ACORDO COM ALGUMAS NORMAS IMPOSTAS PELO DIRIGENTE DO TERREIRO QUE FREQUENTO. COMO DEVO FAZER PARA TENTAR MUDÁ-LAS? O filho de fé deve se adaptar as normas da Casa que frequenta e não pretender que a Casa mude para atender às suas expectativas. Se não está de acordo, deve procurar outra que mais corresponda ao seu ponto de vista. E fazê-lo em silêncio, com sinceridade e sem maledicência.

ALGUNS DIZEM QUE A UMBANDA ASSIM COMO AS RELIGIÕES DE MATRIZ AFRICANA NÃO É RELIGIÃO, E SIM SEITA! É a ignorância dando voz ao preconceito: "Religião é a minha, seita a dos outros". Embora não seja nada fácil distinguir religião de seita, considera-se religião a crença organizada hierarquicamente, com normas claras de orientação e culto, assim como acontece na Umbanda. Seita sempre é usada no sentido pejorativo para diminuir a crença alheia. Os argumentos usados pelos preconceituosos, além de não resistirem à luz do conhecimento, ainda são vergonhosos e tornam infames os que os proferem.

COMO DEVO AGIR QUANDO SOU AGREDIDO POR PESSOAS DE OUTRAS RELIGIÕES? Ignore-os. São pobres atrasados que não conseguem ver Deus além dos limites impostos pelo seu reduzido entendimento da religião. Quem agride sabe da doutrina, mas nada sabe do Amor. Nem desconfiam o quanto estão distantes do Cristo. São merecedores de compaixão, pois perdem a oportunidade de se encontrar com o Criador que Se comunica por vários caminhos e fala por diferentes mensageiros.

É DIFÍCIL OUVIR DIRETORES DE OUTRAS RELIGIÕES ATACANDO A MINHA RELIGIÃO IMPUNEMENTE EM NOME DA LIBERDADE DE EXPRESSÃO! Para julgar outras religiões é preciso saber julgar a sua, para julgar os homens é preciso ter a grandeza de primeiro saber julgar a si mesmo, mas há muitos que tomam a sua opinião por medida exclusiva do bom e do mau. O que parece bom a essa pobre pessoa automaticamente vira verdadeiro, e o que não corresponde a sua opinião é definido como falso. Contradizem-se suas ideias, sua maneira de ver as coisas, o sistema que conceberam e adotaram, e os que não compartilham julgam pecaminosos aos olhos de Deus. Tudo o que esses mendigos espirituais não concordam precisa ser exterminado. A tais pessoas, em sua maioria autodenominada cristã, falta a primeira qualidade para uma justa apreciação: ser integro no julgamento. Mas disso sequer suspeitam, pois a vaidade não lhes permite e a vaidade é o pecado preferido do maligno.

O QUE É FANÁTICO RELIGIOSO? Fanático é aquele incapaz de admitir o mundo a partir de ponto de vista diferente do que elegeu como absoluto para sua vida. Deste modo seu universo se divide entre o bem e o mal, sendo que o bem são as suas escolhas e preferências, e o mal é a escolha dos outros que não são iguais as suas. Tenha-se sempre em mente que o fanático religioso jamais admitirá que é obsecado, para ele doido são sempre os outros.

POR QUE OS FANÁTICOS RELIGIOSOS CRITICAM TANTO A RELIGIÃO ALHEIA? Porque a crença deles não pode ser questionada ou abalada no intercâmbio com outras formas de crença. O fanático coloca todas as esperanças em sua visão particular, e outras formas de visão abalam suas pequenas certezas.

O QUE É VIOLÊNCIA RELIGIOSA? Não é só a violência física como os terroristas que atacaram o World Trade Center em Nova York, ou a destruição de símbolos históricos e religiosos como faz o Estado Islâmico e seus psicopatas "soldados sagrados de Alá". A violência aparece também na insistente tentativa de desqualificar o outro como alguns "evangélicos" fazem com a Umbanda e o Candomblé. Eles espancam, depredam, humilham em nome de Deus. E justificam a falta de amor ao próximo (que é o primeiro e mais importante ensinamento do Cristo) como atos de fidelidade à sua fé. Daí não é errado afirmar que o fanático religioso deixou de cultuar Deus e passou a cultuar a igreja.

O QUE É SINCRETISMO RELIGIOSO? A religião dos negros que vieram escravizados da África era considerada pelos seus senhores e pelo clero heresia e bruxaria, e foram obrigados a cultuar os santos católicos, porque essa era a religião predominante trazida pelos brancos de origem portuguesa. Quando demonstravam a fé que tinham nos Orixás eram surrados e até mortos. Os escravos acreditavam que as forças divinas se manifestavam na natureza, e cada uma dessas forças era representada por elementos da própria natureza, como as pedras (otás), por exemplo. A maneira que encontraram para reverenciar seus deuses era dispor sobre um altar as imagens dos santos católicos e, sob as imagens (ou dentro delas), assentar as pedras que representavam seus Orixás sagrados. Identificaram os Orixás com os santos de acordo com alguma similitude entre eles e, secretamente, quando rezavam em sua língua nativa para Santa

Bárbara estavam cultuando Iansã, quando se dirigiam a Nossa Senhora da Conceição em seus corações estavam falando com Iemanjá. Esse processo foi chamado de sincretismo religioso até hoje respeitado pela Umbanda.

ALGUNS DE OUTRAS RELIGIÕES DIZEM QUE A UMBANDA É INFERIOR PRINCIPALMENTE PORQUE SE VALE DE SINCRETISMO EM SEUS CULTOS. DIZEM TAMBÉM QUE OS TERREIROS DE UMBANDA E AS CASAS DE CANDOMBLÉ SÃO "ANTROS DE MENTIRA E ENGANAÇÃO" E ONDE SE MANIFESTAM DEMÔNIOS. Sincretismo é o acréscimo de práticas rituais de uma religião à outra, práticas que a Umbanda herdou do Candomblé, de cultos indígenas e do catolicismo. Na Umbanda e no Candomblé, que são as duas religiões mais ultrajadas por quem não tendo nada a dizer fala demais, não se fazem desafios para prosperidade financeira, não vendem objetos para quebra de maldição, não há vigília a meia noite onde todos rodam histericamente até cair de cansaço e excitação. Os Guias da Umbanda e os Orixás do Candomblé não sugerem comportamentos que demonstram desajuste emocional nem desarranjo mental, ninguém fica "loucamente" possuído pelo espírito santo, não há "unção dos animais" onde as pessoas rugem como leão ou cantam como galo ou relincham como cavalo (os Filhos de Fé e o Povo do Santo não expõem seus Guias e Orixás ao ridículo). De forma alguma fazem "unção do riso" porque os umbandistas e os candomblecistas sabem que há "tempo de rir" e "tempo de saltar de alegria", mas não durante os cultos. Nem nos pesadelos mais terríveis umbandista algum jamais pensou em chamar sua Gira de "striptease para zambi" para atrair público pagante. Nas Casas de Umbanda e de Candomblé não há globo espelhado nem canhões de luz estroboscópica e nem fumaça, nunca DJs e MCs embalaram seus praticantes para louvar Oxalá ao som do street dance e heavy metal. Os Dirigentes e Pais e Mães do Santo não desejam dominar o país nem se infiltram na política, não lutam entre si buscando arregimentar rebanho maior que lhes dê mais dinheiro e poder. Nos Terreiros há assistência onde ficam as pessoas que não fazem parte da corrente mediúnica, mas jamais teve nem nunca terá auditório nem tablado porque os Guias e Orixás não se apresentam em picadeiro para divertimento do público. Também ninguém presenciou nessas duas respeitáveis religiões seus adeptos pisarem em tapetes mágicos. E se um descontrolado grita feito demente até cair desfalecido no chão, na Umbanda não é conduzido para acalentar emoções e espíritos, é encaminhado a um psiquiatra. Por tudo o que se expos aqui é preciso perguntar, portanto, qual é o endereço do "antro de mentira e enganação", e onde é que o demônio se manifesta de fato.

É JUSTO NOS TERREIROS HAVER COBRANÇA PELOS ATENDIMENTOS ESPIRITUAIS? Não é justo na medida em que os Guias, que são quem de fato tem a faculdade de auxiliar aos necessitados, nada cobram. Os médiuns e Dirigentes não tem o direito de fazer da caridade objeto de comércio e nem meio de vida. Se as pessoas que buscam auxílio quiserem contribuir, que seja com velas e outros objetos de uso litúrgico, ou materiais de uso comum como sabonete ou copos descartáveis. Se os assistidos tiverem vontade de ir adiante com o auxílio que seja na colaboração com o aluguel que muitos Terreiros pagam, mas que jamais sirva como especulação financeira.

OS ORIXÁS NA UMBANDA

Para conhecer mais sobre os Orixás sugerimos a leitura do livro "Os Orixás na Umbanda - Para Leigos"

O QUE É ORIXÁ? Orí significa Cabeça e Xá quer dizer Rei ou Senhor, deste modo Orixá quer dizer Senhor da Cabeça. "Qualquer definição que façamos dos Orixás, assim como de Deus, será sempre uma definição incompleta decorrente da pobreza da linguagem humana. Os Orixás estão acima não só da linguagem, mas também da nossa compreensão. É a 'fonte' mais evoluída criada e emanada do astral superior que interage conosco e que se manifesta através das forças da natureza. Buscamos entender e explicar a manifestação dos Orixás através das forças da natureza porque esse é o nosso limite e não temos entendimento nem evolução para avançar mais, pois foge da nossa compreensão".

OS UMBANDISTAS INCORPORAM OS ORIXÁS? Não. Na Umbanda não se incorporam Orixás porque não são entendidos como alguém que teve vida corpórea na Terra, mas sim como manifestações da consciência divina ou energias emanadas da própria natureza. Os umbandistas incorporam seus enviados ou representantes chamados **"Falangeiros"**, por exemplo, Baianos, Boiadeiros, Pretos Velhos. São espíritos que mantêm forte ligação missionária e fluídica com a força original com a qual está ligado, ou seja, com o Orixá. São esses enviados de Orixá que os médiuns incorporam nas Giras de Umbanda.

É CERTO AFIRMAR QUE OS ORIXÁS SÃO OS PRÓPRIOS REINOS DA NATUREZA QUE REPRESENTA?

Não, Oxum não é a cachoeira nem Xangô é a pedreira. Eles representam as forças da natureza, mas não é a natureza que representam.

O QUE SIGNIFICA DIZER QUE "NÃO HÁ BRIGA ENTRE OS ORIXÁS" PORQUE TODOS "TRABALHAM EM ABSOLUTA HARMONIA ENTRE SI E COMPLEMENTAM-SE NA SUSTENTAÇÃO DA CRIAÇÃO DIVINA"?

Quer dizer que não há um Orixá com posição mais elevada que outro ou um Orixá mais importante que outro. Quer dizer que nenhum atua sozinho. Todos os Guias sempre trazem consigo os elementos que se harmonizam na natureza, como o exemplo dos Caboclos: todos os Caboclos trazem consigo a manifestação da energia das matas, portanto todo Caboclo está ligado ao elemento de Oxóssi (que é o Orixá das matas). Mas há Caboclo que traz consigo a vibração de Ogun. Neste caso as duas energias se "misturam", se complementam, e combinadas dão origem aos Caboclos Arranca Toco, ou seja, uma terceira vibração com características próprias. Oxóssi não perdeu sua essência assim como Ogun também não perdeu e ambas as energias geraram uma terceira (Caboclos Arranca Toco). Para ficar bem entendido citemos outro exemplo, sempre considerando a Linha de Caboclo: Oxóssi (1ª. vibração ou energia) vibrando conjuntamente com Omulu (2ª. vibração ou energia) são gerados os Caboclos Flecheiros e Caboclos Bugres (3ª. vibração ou energia). Oxóssi e Omulu se desdobraram em uma terceira energia que deu origem aos Caboclos Flecheiros. Lembrando que todo Caboclo é ligado a Oxóssi, se desdobrado com Yemanjá são originados as Caboclas e Caboclos do Mar. Combinando as vibrações de Oxóssi e Oxum são principiados os Caboclos e Caboclas dos Rios, das Cachoeiras. Com Iansã surgem os Caboclos do Vento. Assim é explicado quando se diz que os Orixás se complementam (ou se desdobram) em outras energias que dão origem a outras manifestações. Erram os que dizem que os Orixás estão "brigando pela cabeça do filho".

QUAL A IMPORTÂNCIA DO ORIXÁ NA PERSONALIDADE DAS PESSOAS? Todos os indivíduos têm suas próprias características de personalidade herdadas de seus Orixás, e a cada Orixá está associada uma tendência de comportamento diante do mundo. Assim a pessoa recebe as emanações próprias de seus Orixás e que influenciam cada aspecto de sua vida.

PODE-SE DIZER QUE OS ORIXÁS SÃO SANTOS? Não. Os Orixás participam da natureza dos anjos enquanto os santos foram espíritos de luz que encarnaram e tiveram uma existência terrena. São entidades espirituais diferentes.

ORIXÁS SÃO DEUSES AFRICANOS? Não. A Umbanda não está baseada em lendas do panteão africano. Não entende Orixás como deuses, semideuses ou divindades. Entende como complexos energéticos e vibratórios.

AQUELES QUE NÃO CREEM TAMBÉM TÊM ORIXÁS? Orixás são as Vibrações de Deus manifestadas por amor à humanidade, ou em outras palavras, são energias emitidas e direcionadas aos seres pela caridade de Deus. Orixá não é propriedade de nenhuma religião, é Força Divina emanada do Criador Deus/Olorun. A eles todos estão ligados, independente de acreditar ou não, de conhecer ou não.

É POSSÍVEL INCORPORAR OS ORIXÁS NO TERREIRO? Não se incorpora Orixás na Umbanda. É importante que se entenda que não existe um espírito chamado Ogun, e que não é um ser que tenha existido como homem porque está além do estágio humano, nem tampouco é um ser sobrenatural. **Trata-se de um grupo de espíritos trabalhando numa determinada faixa energética chamada de Ogun.** Da mesma forma, Oxum, Oxóssi, Yemanjá não são espíritos, mas sim faixas vibratórias onde vários espíritos se agrupam por afinidades, e trabalham numa função específica que recebe a vibração de um determinado Orixá.

OS ORIXÁS AGEM DE MANEIRA INDIVIDUAL OU ESTÃO INTERLIGADOS UNS COM OS OUTROS? Estão profundamente interligados. Agem e interagem de forma absolutamente harmônica e perfeita entre si. Para ilustrar podemos pensar no ciclo das águas. Imagine a água nascendo em uma mina (Nanã, Senhora das Águas Originais), rolando pelas pedras (Xangô, regente das Pedras) até despencar em queda livre na cachoeira (Oxum, Regente das Águas Doces), então corre pela terra (Omulu/Obaluaiê, Regente da Terra) germinando essa terra para o nascimento dos vegetais e árvores (Oxóssi, Regente das Matas) até desaguar no mar (Yemanjá, Regente das Águas Salgadas), o sol aquecendo a água (Ogun, Orixá da Forja) provocando a evaporação e precipitação na terra em forma de chuva (Iansã, Regente das Chuvas e Tempestades) reiniciando assim o processo. **E o culto a essas forças chama-se Umbanda.**

O QUE É AYABÁ? Ayabá, iabá ou iyabá traduzido do iorubá significa "Mãe Rainha", e o termo é usado para referir-se aos Orixás de polaridade feminina. As ayabás cultuadas na Umbanda são Oxum, Iansã, Yemanjá e Nanã.

O QUE SÃO REINOS DOS ORIXÁS? Todo ser vivo sobrevive na natureza deste planeta e interage com animais, vegetais, minerais, tendo todos – homens, bichos, plantas – o mesmo valor, embora muitos arrogantes pensem em si como a criação mais importante de Deus. A energia do Criador vibra em tudo e em toda parte, sejam nos reinos específicos como os rios e cachoeiras, mares, pedreiras, matas e camadas internas e externas do globo, seja nos reinos não específicos como o ar com subdivisões em tempestades, chuvas e ventos. Para as energias que vibram em cada um desses reinos dá-se o nome de Orixás.

Portanto, Orixá é um ser imaterial, ou seja, não tem existência palpável, e é dotado da Essência Divina que se propaga no planeta a fim de direcionar as criaturas encarnadas. **Orixá é Deus em nós, é Deus em toda natureza, é a oportunidade de encontrar Deus através da Sua Obra.**

SE A UMBANDA NÃO ENTENDE OS ORIXÁS COMO ANCESTRAIS DIVINIZADOS QUE VIVERAM E MORRERAM NA TERRA, MAS SIM COMO ENERGIAS QUE EMANAM DA NATUREZA, ENTÃO COMO HÁ HISTÓRIAS SOBRE ELES? Não são histórias, são narrativas simbólicas que objetivam explicar acontecimentos que contêm um sentido oculto. Fala-se dos Orixás como personagens, e às vezes seres que incorporam as forças da natureza com características humanas para que homens e mulheres possam entender. Não se podem conceber os Orixás pela razão, então se usam mitos tentando explicar a realidade através de histórias sagradas.

COMO SE PODE PEDIR A SUSTENTAÇÃO DOS ORIXÁS? Manifestando no cotidiano as qualidades e bons sentimentos ligados aos Orixás. Por exemplo, quanto maior a sintonia com a vibração de amor de Oxum, maior será seu amparo e irradiação.

PRECISO AGRADAR AOS ORIXÁS PARA MINHA VIDA NÃO ANDAR PARA TRÁS? Orixás são seres de pura luz, não fazem o mal e não precisam de agrado. Os seres humanos não tem nada de necessário aos Orixás ao ponto de fazer a "vida andar para trás" se não receberem.

SE EU NÃO FIZER AS OBRIGAÇÕES O ORIXÁ PODE ME COBRAR? Orixá não é Deus, porém foi criado a partir d´Ele, portanto tem caráter divino. Nada que é emanado de Deus pode fazer mal. E na Umbanda não tem "obrigações" e nem fazem parte de seu ritual.

O ORIXÁ PODE SE REVOLTAR SE EU NÃO ATENDER AO QUE ME PEDIU? Orixá, na Umbanda, nada pede.

Os Orixás e Suas Vibrações

Oxalá

QUAL É A VIBRAÇÃO DE OXALÁ? É considerado o Orixá Maior e vibra em todos os elementos através dos outros Orixás. Busca-se entrar em contato com sua irradiação durante os Rituais da Umbanda principalmente quando é preciso reequilibrar tanto o espírito quanto o corpo físico. As irradiações da Fé de Oxalá estimulam a religiosidade. É representado em duas formas: Oxaguian jovem, e Oxalufan velho.

QUEM É OXALÁ? Oxalá é o maior Orixá da Umbanda, abaixo apenas de Olorum, Deus Supremo. É o Criador do Universo, dos animais, vegetais e do homem. É Oxalá quem rege o destino humano. Suas vibrações estimulam a fé individual e geram sentimentos de religiosidade sem fanatismo. É aquele que de¬termina o fim da vida de cada ser humano. Representa o amor, bondade, pureza espiritual, e tudo que indica positividade. Oxalá é o Grande Orixá conhecido como Rei do Pano Branco. Chamado Orixá Funfun que significa branco em iorubá, sua vibração dá maturidade, sabedoria, paz e tranquilidade aos seres criados.

Ogun

QUAL É A VIBRAÇÃO DE OGUN? É a vibração que atua no ferro e nas estradas e corresponde à necessidade de energia, defesa, determinação, perseverança. É quem dá a força ao ser humano quando este precisa criar novos caminhos que acrescente sentido à vida. As irradiações da Lei de Ogun estimulam a ordem. Nos trilhos dos trens são depositadas as suas oferendas.

QUEM É OGUN? Orixá do ferro e da forja, da guerra, do bom combate, das invenções, engenharia e tecnologia. Todas as estradas são guardadas pela vibração de Ogun. Ele está em todos os caminhos ligados à Linha dos Guardiões (Exus). Tem a coragem, a força e a impetuosidade como atributos. Orixá da energia que produz a atitude, perseverança, vencedor de demandas. Ogun está associado ao renascimento no sentido de dar a volta por cima mediante capacidade de se reerguer. Ogun rege todo início de movimento, é a energia que possibilita o início do que quer que seja, abre os caminhos e encruzilhadas junto com Exu. Este Orixá abre os caminhos e vence as lutas agindo pelo instinto para defender e proteger os mais fracos. A vibração de Ogun traz potência e força de seguir em frente.

POR QUE OGUN É CONSIDERADO O SENHOR DOS CAMINHOS? Por herança da cultura africana. Considere-se que, no entendimento do Candomblé, os Orixás são semelhantes aos homens, inclusive tiveram vida humana na Terra. Deste modo Ogun foi, na mitologia da cultura iorubá, o primeiro ferreiro, o descobridor da fundição e inventor de todas as ferramentas que existem. Com a foice entende-se que Ogun abriu os primeiros caminhos para o resto do mundo e assim como abriu também tem o poder de fechar. Inventou o ancinho com o qual arou as terras e plantou os alimentos. Com a tesoura cortou a pele dos animais para aquecer o corpo que, juntamente com o machado para cortar árvores e o martelo para unir os troncos com pregos possibilitou a construção dos necessários abrigos, proteção contra as intempéries e animais selvagens. Com a faca Ogun fez o primeiro sacrifício ritual e por essa razão no Candomblé sempre se louva Ogun durante esses rituais. Também forjou a espada para vencer os inimigos e conquistar território para seu povo. A mitologia mostra que não há um só caminho que Ogun não tenha percorrido em suas guerras de conquista. Na Umbanda costuma-se chamar por seu auxílio em situações gravíssimas, de extrema dificuldade, e quando o inimigo é muito mais forte. É importante esclarecer que na Umbanda não há ritual que envolva animais e os que assim o fazem não tem base religiosa para fazê-lo, portanto não são umbandistas.

<u>Oxóssi</u>

QUAL É A VIBRAÇÃO DE OXÓSSI? É a vibração que atua nas matas e animais e corresponde à necessidade de saúde, nutrição, crescimento através do conhecimento, energia necessária à vida, equilíbrio fisiológico. É quem auxilia na cura. As irradiações do Conhecimento de Oxóssi estimulam o raciocínio.

As matas são os santuários de Oxóssi e seu altar são os bosques.

QUEM É OXÓSSI? Orixá da caça e da fartura alimentar, abundância e prosperidade. Senhor das matas, da verdade e do conhecimento. O grande caçador de almas perdidas, grande curador e grande doutrinador. Senhor das florestas, dos Caboclos de Pena, da caça, da fortuna, da agricultura, da ecologia, da saúde. Oxóssi é o chefe, o patrono dos Caboclos na Umbanda.

POR QUE OXÓSSI TEM DIVERSOS NOMES? Não é apenas Oxóssi que tem diversos nomes, são todos os Orixás. Dependendo do local da África de onde vieram os escravos, trouxeram consigo seus costumes e dialetos. Assim Oxóssi é denominação entre os nagôs, Abê ou Agbê entre os jejes, e Tauamim, Matalumbô ou Congombira entre os escravos bantos.

O QUE SIGNIFICA NAGÔ, JEJE E BANTO? São denominações dos diferentes povos que habitavam o continente africano e que foram trazidos como escravos ao Brasil. Bantos são os que habitavam o litoral da África e falavam diversas línguas como o quicongo, o quimbundo e o umbundo. Nagô era o nome que se dava ao iorubano ou a todo negro da Costa dos Escravos que falava ou entendia o iorubá. Os Jejes foram milhares de negros vindos de várias partes da África e falavam fon, mahi e ewe. A palavra Jeje vem do iorubá adjeje que significa estrangeiro, forasteiro, portanto, nunca existiu uma nação Jeje, o nome era dado de forma pejorativa pelos iorubás. No Brasil, nagôs, jejes e bantos originam os Candomblés e a Umbanda.

AO DIZER QUE "OXÓSSI É CAÇADOR" QUER DIZER QUE ELE ESTIMULA A CAÇA DE ANIMAIS? Não estimula a matança em hipótese alguma. Diz-se que é caçador no sentido de perseguir o conhecimento. Caçar é um ato que exige profunda paciência e quietude, e no silêncio de sua alma o caçador pensa e consegue entender, seja por meio da inteligência, da razão ou da experiência.

OXÓSSI É A DIVINIZAÇÃO DAS MATAS E DAS FLORESTAS. MAS E OS ANIMAIS QUE MORAM NELAS? Ele também reina sobre os animais, porém os selvagens. Diz a lenda que Oxóssi os conhece profundamente e com eles partilha o conhecimento da natureza, além de possuir todas as suas virtudes. Por exemplo, Oxossi é sagaz como o Leopardo, forte como o leão, leve como o pássaro, silencioso como o tigre, observador como a coruja, esconde-se como um tatu, é vaidoso como um pavão, corre como os coelhos, que sobe em árvores como macacos etc. O fundamento de Oxóssi é atingir um objetivo fixando o alvo ao modo do Caçador. É considerado o Orixá que dá de comer as pessoas porque sob seus domínios estão os animais e os vegetais. Todo aquele que tem responsabilidade de alimentar a família está sob a vibração de Oxóssi. Quando se precisa atingir uma meta para prover o sustento, deve-se evocar a energia desse Orixá. Também se apela a Oxóssi quando é preciso encontrar o remédio apropriado para uma doença, embora seja Ossaîn quem determina se o remédio fará ou não efeito. Na mitologia Oxóssi, com apenas uma flecha, conseguiu matar a perigosa feiticeira africana (ajé) chamada Ìyàmì Oxorongá, que se transformou em pássaro e atacou pessoas e cidades espalhando doenças e miséria, enquanto todos os outros caçadores já haviam perdido todas as suas flechas tentando em vão matar o pássaro, por isso é chamado de "Guerreiro de uma única flecha", e por isso é costume pedir a Oxóssi que destrua feitiços ou energias maléficas. Certo dia, enquanto caçava Oxossi conheceu Oxum, a deusa das águas doces e do ouro, por quem se apaixonou e com ela teve um filho, Logun-Edé. Filho da floresta com as águas dos rios, Logun-Edé é considerado o Orixá da riqueza e da fartura, herdeiro dos domínios de seus pais.

XANGÔ

QUAL É A VIBRAÇÃO DE XANGÔ? É a vibração que atua nas pedras, fogo, trovões e corresponde a necessidade de discernimento, estudo, raciocínio concreto e método. É o que direciona o ser humano quando este precisa de justiça e equilíbrio. As irradiações da Justiça de Xangô estimulam a razão. A montanha é o santuário natural de Xangô e seu altar é a pedra, onde é oferendado.

QUEM É XANGÔ? Orixá do trovão e do fogo, dos estudos, da sabedoria, dos contratos, das demandas judiciais, do magma e de todas as atividades vulcânicas. Este Orixá é advogado dos injustiçados e considerado executor da justiça de Deus, simboliza a lei de causa e efeito responsável por dar a quem merece o devido castigo e a vitória aos que foram oprimidos. É quem dá solução às pendências.

A DEFINIÇÃO DE XANGÔ É MUITO SEMELHANTE A DIVINDADES DE OUTRAS RELIGIÕES E CULTURAS, PORÉM COM NOMES DIFERENTES. POR QUE NA UMBANDA SE CHAMA XANGÔ? Porque a Umbanda fundamentou-se na religião iorubá, por isso denominou o Orixá da Justiça de Xangô. A essência divina que rege a Justiça é apenas uma, mas manifesta-se de forma diferente para as diversas religiões, povos e culturas. Por isso há vários nomes para a mesma divindade.

XANGÔ É ORIXÁ APENAS DA JUSTIÇA? Não, na mitologia africana Xangô é a força representada pelo som do trovão. É também o poder em todas as suas dimensões, seja poder da inteligência, da sedução, da riqueza, da força física etc. O mito diz que é Orixá muito competitivo, tendo roubado a mulher de seu irmão Ogun (Iansã) e também a esposa de seu irmão Oxóssi (Oxum). Em suas lutas dispõe da coragem e impetuosidade de Iansã, da vidência e magia de Oxum, e da força bruta de uma terceira esposa, Obá, guerreira poderosa. Xangô mora num palácio nos céus, onde prepara as chuvas para Yemanjá, sua mãe. Segundo a lenda o barulho dos trovões é o machado de Xangô caindo do céu para fazer justiça.

YEMANJÁ

QUAL É A VIBRAÇÃO DE YEMANJÁ? É a vibração que atua nos mares e oceanos também chamados de "calunga grande" (grande cemitério) e corresponde a necessidade de segurança familiar e de amor fraternal. É a vibração de consolo e esperança. O mar é o santuário de Yemanjá e seu altar é a praia.

QUEM É YEMANJÁ? É a grande mãe da Umbanda e dos Orixás. Rainha dos mares, dos oceanos, das águas salgadas, representa a geração em todos os sentidos, fecundidade, gestação e maternidade. Senhora da purificação, da família, da harmonia, da saúde mental. Responsável pelos bens materiais e grande mãe e provedora. Orixá dos mares e oceanos, do casamento e da vida em família. Recebe vários nomes como Iemanjá, Janaína, Rainha do Mar, Dona Janaína, Inaê, Maria, Princesa do Aioká, Mãe D'Água, Dandalunda, Ísis, Marabô, Mucunã, Sereia do Mar, Senhora da Coroa Estrelada, Senhora da Calunga Grande (mar). O maior ponto de força da natureza é o mar e pertence à Yemanjá, chamado de *"calunga grande"* (o cemitério é "calunga pequena"). Esse ponto de força natural é grande absorvedor de energias negativas, é um santuário natural para onde é levado tudo o que precisa ser purificado e depois devolvido. Os Guias de Umbanda fazem uso da energia dos mares e oceanos em seus lindos trabalhos de curas. Para o mar são levados muitos espíritos sombrios cujas vibrações densas os impedem de chegar a planos mais sutis. No mar são tratados pelos trabalhadores da Linha de Yemanjá.

POR QUE SE DIZ QUE YEMANJÁ É A MÃE DE TODOS?
Yemanjá é saudada como a Grande Mãe porque, segundo a tradição do candomblé Ketú, esse Orixá é quem maternalmente pega pela mão a alma que vai reencarnar e entrega ao seu respectivo anjo de guarda. Leva, como uma mãe cuidadosa, até o Orixá que vai acompanhar durante a encarnação. Deste modo se diz que Yemanjá é a mãe de todos, e assim é reverenciada e muito respeitada.

TEM FUNDAMENTO A PRÁTICA DE UMBANDA QUE ENSINA FAZER ENTREGAS PARA YEMANJÁ ENCHENDO BARQUINHOS COM PRESENTES? Nenhum fundamento além da tradição.

YEMANJÁ ATENDE AOS PEDIDOS DOS QUE LHES DÃO PRESENTES? Orixá é a energia da natureza. Que utilidade teria para Yemanjá pentes de plástico, vidros de perfume e espelhinhos? Qual sentido espiritual pode haver em matar e mutilar os animais marítimos com o plástico das oferendas jogadas ao mar? Alguém pode acreditar que para garantir um ano novo cheio de axé e boas energias, para que todos os sonhos se realizem é preciso envenenar peixes, tartarugas, baleias, golfinhos que confundem isopor e plástico com alimento? O que há de sagrado em poluir os mares e matar os animais?

POR QUE MUITOS UMBANDISTAS ENSINAM QUE QUANDO O BARQUINHO NAVEGA MAR ADENTRO É PORQUE YEMANJÁ ACEITOU A OFERENDA? Porque desconhecem que os presentes pretensamente "aceitos" por Yemanjá ameaçam o ecossistema marinho e os que ela "devolve" poluem a praia.

O QUE PENSAM AS PESSOAS QUANDO VEEM AS TONELADAS DE LIXO DEIXADAS NAS PRAIAS PELOS UMBANDISTAS? O que pensaria qualquer pessoa se cortasse o pé com o caco de vidro de uma garrafa de champagne "presenteada" a Yemanjá e que foi largada na praia. Imagine o que passa pela cabeça de quem vê o prego do barquinho de Yemanjá fincado no pé de uma criança. Qualquer pessoa evoluída intelectualmente quando contempla as toneladas de vidros, madeiras com pregos, plásticos, comidas, embalagens, fitas, maços e pontas de cigarro, garrafas pet, largados nas praias provavelmente pensa que os umbandistas são porcalhões e pouco civilizados. É um absurdo que religião que cultua a natureza adote práticas de total desrespeito com o meio ambiente.

O QUE OFERENDAR À YEMANJÁ SEM AGREDIR A NATUREZA? Não só à Yemanjá, mas a todos os Orixás porque ninguém gosta de ter sua casa maculada, há opção de flores naturais e frutas que não agridem a natureza e tem seus fundamentos preservados. Velas de parafina podem ser substituídas pelas de cera de abelha. Importante que se jogue apenas o líquido do perfume ao mar e nunca o vidro. O umbandista que for à mata e quiser deixar uma bebida deve colocar o líquido em cuia de coco e recolher a garrafa. Material de plástico deve ser substituído por folha de bananeira. Uso de velas, cigarros e charutos podem provocar acidentes e incêndios em áreas de vegetação principalmente perto de raízes de árvores, de folhas secas e de materiais inflamáveis causando danos irreversíveis à natureza. Nas festas na praia todos são responsáveis pelo recolhimento e destino dos materiais usados nas oferendas, deste modo junto com os atabaques, barracas e demais apetrechos é **dever** levar sacos de lixo e **obrigação** recolher todas as sobras, não deixando na natureza nem mesmo um palito de fósforo. O mesmo em todos os reinos da natureza. Todo umbandista precisa definitivamente substituir os materiais sintéticos por orgânicos, de rápida decomposição e absorção pela natureza. **Não é favor, é responsabilidade e acima de tudo compromisso com a natureza e com a espiritualidade.**

O QUE É CALUNGA GRANDE? O mar é chamado de *"calunga grande"* (o cemitério é "calunga pequena"). O maior ponto de força da natureza é o mar e pertence à Yemanjá. Esse ponto de força natural é grande absorvedor de energias negativas, é um santuário natural para onde é levado tudo o que precisa ser purificado e depois devolvido. Os Guias de Umbanda fazem uso da energia dos mares e oceanos em seus lindos trabalhos de curas. Para o mar são levados muitos espíritos sombrios cujas vibrações densas os impedem de chegar a planos mais sutis. No mar são tratados pelos trabalhadores da Linha de Yemanjá.

Oxum

QUAL É A VIBRAÇÃO DE OXUM? É a vibração que atua nas águas doces (nascentes, lagos, cachoeiras e rios) e corresponde a necessidade de equilíbrio emocional, concórdia, amor, complacência e reprodução. Suas emanações propiciam ao ser humano riqueza material, amor, fertilidade e união entre as pessoas através do amor, pois as irradiações do Amor de Oxum estimulam as uniões. Os rios são os santuários de Oxum e seu altar são as cachoeiras, onde ela é oferendada.

QUEM É OXUM? Orixá do amor puro e verdadeiro, da alegria e da união, regente da fertilidade, dos recém-nascidos, protetora das crianças. A gravidez está sob sua proteção inclusive após o nascimento da criança, até que ela venha a falar e comece a adquirir conhecimentos. Yabá da feminilidade, do mel, da beleza, da vaidade feminina, do encanto e também do jogo de Ifá (jogo de búzios). Oxum é regente das águas doces desde a sua nascente até o seu encontro com o mar. As emanações fluídicas deste Orixá dão grandeza espiritual e material, espalha harmonia e concórdia. Vibra nas águas doces gerando fartura e riqueza. É a dona do ouro, fruto das entranhas da terra. Orixá das cascatas, rios, cachoeiras, grotas, seixos e fontes, sem ela (água) não há vida.

POR QUE SE DIZ QUE OXUM É YIALODÊ? O QUE QUER DIZER YIALODÊ? É um título africano concedido à pessoa que ocupa o lugar mais importante entre as mulheres da cidade. Na mitologia, Oxum é a rainha de todos os rios e exerce seu poder sobre as águas doces, sem a qual a vida na terra seria impossível.

POR QUE OXUM É ASSOCIADA À MATERNIDADE? Porque Oxum representa a força dos rios, cujas águas vão a todos os cantos do mundo. É ela quem nutre as folhas de Ossaîn, são suas águas que arrefecem o aço forjado por Ogum, águas de Oxum que lavam as feridas de Obaluaiê e compõe a luz do arco-íris de Oxumarê. É a água quem dá vida aos animais de Oxossi. Considerando que as águas de Oxum correm sempre adiante e é o rio que a leva e distribui pelo mundo matando a sede, e que nas águas doces moram os peixes que matam a fome, Oxum foi associada à maternidade, igual à Yemanjá.

POR QUE OXUM É ASSOCIADA À FEMINILIDADE?
Não só à feminilidade, mas também a sensualidade, sendo considerada o Orixá do amor. Ninguém pode segurar a água em suas mãos, ela sempre escapa pelos dedos, igual à mulher quando faz uso de sua astúcia feminina.

Oyá - Iansã

QUAL É A VIBRAÇÃO DE IANSÃ? É a vibração que atua nos raios, ventos, tempestades e corresponde à necessidade de mudança, induz ao desapego de coisas e pessoas, impulsiona a transformações materiais, físicas e morais, avanços tecnológicos e intelectuais. É Iansã quem dá força e coragem para dar outra direção à vida. Iansã é o único Orixá que não tem um santuário natural porque o vento está em todos os lugares, ao mesmo tempo em que não está em lugar nenhum.

QUEM É OYÁ-IANSÃ? É Orixá dos ventos e das tempestades que lavam e varrem a atmosfera. A mudança é uma característica forte deste Orixá que com seus ventos modifica toda a estrutura que toca. A vibração de Iansã dá força na busca de melhores condições de vida, é responsável pelas transformações e mudanças ligadas às coisas materiais, fluidez de raciocínio e verbal. Suas irradiações direcionam pra o movimento e a caminhada. Comanda a falange dos Boiadeiros.

IANSÃ E OYÁ SÃO ORIXÁS DIFERENTES? Não, são dois nomes para o mesmo Orixá. De acordo com a mitologia africana, Iansã é um título que Oyá recebeu de Xangô, que dizia ser ela radiante como o entardecer. Assim o nome Iansã pode ser traduzido como "A Mãe do Céu Rosado" ou "A Mãe do Entardecer".

O QUE QUER DIZER "SENHORA DOS EGUNS"? Iansã é considerada a Senhora dos Eguns porque é como os espíritos dos mortos são conhecidos no Candomblé. E é Iansã que os conduz. Por isso, da mesma forma que no campo santo deve-se saudar Omulu/Obaluaiê, também se saúda Iansã.

IANSÃ É ORIXÁ DOS VENTOS E TEMPESTADES NO SENTIDO DAS SITUAÇÕES QUE DEVASTAM A VIDA HUMANA? Também desta forma quando é comparada com a força dos furacões, ou ainda das tempestades que arruínam a existência, mas também é a brisa que arrefece as paixões e os amores momentâneos. Iansã ensina que tudo passa como o vento.

OMULU/OBALUAIÊ

QUAL É A VIBRAÇÃO DE OMULU/OBALUAIÊ? É a vibração que atua na terra, nos cemitérios - também chamados de campo santo ou calunga pequena -, na luz que transforma a ignorância em consciência e corresponde a necessidade de maturidade. Omulu é o Orixá que rege a morte ou o instante da passagem do plano material para o plano espiritual (desencarne). Sua vibração dá saúde para o corpo e a alma. A terra é o santuário natural de Omulu e seu altar é o cemitério.

QUEM É OMULU/OBALUAIÊ? É Orixá Guardião dos mortos e das almas, senhor da terra, senhor da cura, da evolução e da passagem. Orixá da saúde cuja vibração atua sobre os doentes, hospitais e cemitérios. Omulu é a manifestação idosa de Obaluaiê. Rege a morte, o desencarne, o instante da passagem do corpo material para o espiritual. Em alguns Terreiros Omulu e Obaluaiê são cultuados como Orixás distintos e em outros como um desdobramento diferenciado da seguinte forma: Obaluaiê representa a força jovem, o início da vida; Omulu representa a força velha, ou seja, cansada pela vida, Obaluaiê é a manifestação jovem de Omulu, ou seja, vibrando em forma mais jovem. Omulu é quem rege a morte, o desencarne, é quem comanda o instante da morte que é passagem do plano material de volta para o plano espiritual. Conduz cada um a seu devido lugar de acordo com o merecimento. Omulu/Obaluaiê aponta o caminho que o espírito, após o desencarne, irá trilhar de acordo com seus merecimentos, mas importante dizer que não julga ninguém, apenas acompanha, por isso é chamado Orixá da Passagem. É o guardião das almas que ainda não se libertaram da matéria. Na hora do desencarne são os Falangeiros de Omulu que ajudam o ser a desatar os "cordões" que ligam o perispírito ao corpo material. Seus Capangueiros são diretamente responsáveis pelos lugares onde ocorrem as mortes físicas, como cemitérios, necrotérios, hospitais, casas de saúde, ambulatórios, clínicas. Estão sempre próximos aos leitos e envolvem estes lugares com poderosos campos de força a fim de que os vampiros astrais não sorvam as energias dos corpos físicos em vias de morrer ou recém-falecidos. Sua Linha também pode ser denominada "Yorimá", conhecida como a Linha das Almas, que é constituída, além de Pretos Velhos, de espíritos de médicos e cientistas, Exus e Pombogiras. Geralmente médiuns que trabalham sob a vibração deste Orixá são grandes curadores.

É VERDADE QUE OMULU/OBALUAIÊ É UM ORIXÁ TERRÍVEL QUE TRAZ A VARÍOLA E AS DOENÇAS CONTAGIOSAS? Não é verdade. Falta entendimento entre os próprios umbandistas acerca de Omulu/Obaluaiê. Por considerá-lo senhor da doença muitos Terreiros não desenvolvem o médium que tem esse maravilhoso Orixá como regente. Levam em consideração, literalmente, as lendas contadas sobre ele e desconhecem sua extrema força e valor dentro da religião de Umbanda. Como podem pensar que Deus criaria vibrações da natureza para distribuir doenças infecciosas? Esse mito ensina que o mal existe e que pode ser curado, porém é preciso ter consciência do momento em que ele terminou para recomeçar, mesmo após um violento sofrimento.

Nanã Buruquê

QUAL É A VIBRAÇÃO DE NANÃ BURUQUE? É a vibração que atua nos pântanos, charcos e manguezais, é a senhora da lama dos rios com seu encontro com o mar, do lodo da vida e da morte, e corresponde ao último estágio do desenvolvimento emocional e espiritual. Vibra sobre o ser auxiliando o esquecimento de mágoas, rancor, dor. É Orixá mais velho de todos, e, por isso, muito respeitada. Os pântanos são o santuário natural de Nanã e o seu altar é o mangue.

QUEM É NANÃ BURUQUÊ? É Orixá Senhora das águas paradas, do barro e da sabedoria. Orixá mais antigo do mundo. Senhora dos mistérios, da morte e reencarnação, da memória, protetora dos idosos e doentes. É quem faz a ligação entre o plano espiritual e o plano material no nascimento e na morte. Nanã socorre nos momentos de dor e de pranto. É Nanã quem acompanha os seres durante fim do aprendizado no mundo da matéria. É o Orixá do fim das coisas. Faz o caminho inverso de Oxum. É ela quem reconduz ao terreno do astral as almas que Oxum depositou no "mundo da carne". Também vibra sobre os espíritos que vão reencarnar, purificando-lhes os sentimentos, mágoas e conceitos, e adormecendo suas memórias de modo a prepará-los para a nova vida no plano físico. É o Orixá dos pântanos, o ponto de contato das águas com a terra, vibra nas águas paradas da natureza.

POR QUE NANÃ É CONSIDERADA A LAMA PRIMORDIAL? O QUE ISSO SIGNIFICA? Na mitologia africana Nanã é a lama primordial, o barro, a argila da qual foram feitos os homens. Diz à lenda que Oxalá tentou criar os homens com o ar, mas a criação se dissipou antes de adquirir forma. Tentou com o fogo, mas o homem logo foi queimado. Os criados da pedra não conseguiram se dobrar e nem curvar. Com a madeira ficaram rígidos e não conseguiram se movimentar. Experimentou com água, óleo, azeite e nada deu certo. Então Nanã se ofereceu a Oxalá para que com ela os homens fossem criados, porém impôs a condição de que, sendo criados com sua essência (o barro), a ela fossem devolvidos depois da morte. Por isso Nanã está sempre no começo de tudo. É associada ao limo que atua como fertilizante natural do solo e, portanto, dá vida, e ao mesmo tempo ao limo lodoso que fica nas águas estagnadas, portanto representa a putrefação e morte.

Ossaîn

QUAL É A VIBRAÇÃO DE OSSAÎN? Está relacionado com as matas, as plantas, o verde, é dono do mistério das folhas e de seu emprego medicinal e utilização mágica. Seus pontos de força são as florestas e os lugares onde nascem as plantas selvagens. Ossaîn vibra na saúde, na capacidade para controlar os próprios sentimentos e emoções, sua vibração traz paz em casa e no trabalho, intuição para saber lidar liturgicamente com as ervas.

QUEM É OSSAÎN? É Orixá protetor dos animais, Senhor das ervas medicinais e das ervas litúrgicas, Orixá da cura e das medicinas alternativas, detentor do axé. As folhas estão relacionadas com a cura por isso Ossaîn é o Orixá da medicina. Guarda escondida na floresta a magia da cura para todas as doenças dos homens, contida nas virtudes de todas as folhas. *"Kó si ewé, kó sí Òrìsà"* (pronuncia-se "Côssí eu ê, côssí orixá) significa *"Sem folhas não tem Orixá"*, pois elas são imprescindíveis aos rituais. Cada Orixá possui suas próprias folhas, mas só Ossaîn conhece o axé (força, poder, fundamento) existente nas folhas e ervas, e somente ele sabe os segredos e as palavras (ofó) que despertam o poder e força contidos nelas. Ossaîn tem um auxiliar que se responsabiliza por causar o terror em pessoas que entram na floresta sem a devida permissão, cujo nome é Aroni.

O QUE É MÃO DE OFÁ? Também chamado Mão de Folhas, é o médium preparado especialmente para fazer a colheita e a quinagem (maceração) das ervas usadas para amacís, assim como para remédios e banhos de descarga. Em alguns Terreiros de Umbanda também há um médium, geralmente não incorporante, incumbido de colher e quinar folhas para rituais. Quinar uma erva significa esmagá-la com as mãos dentro da água, de modo a deixá-la picadinha, quase esfarelada. A quinagem permite que as substâncias da planta passem para a água sem precisar de fervura.

OSSAÎN É O SENHOR DAS FOLHAS OU O SENHOR DOS REMÉDIOS? De ambos. Entende-se esse orixá como a própria energia curativa das folhas porque tem consigo o poder da força sagrada que envolve a natureza e seus elementais. As folhas são misteriosas e mágicas porque o mesmo princípio que cura, também mata. *"A diferença entre um remédio e um veneno está só na dosagem" (Paracelso).*

QUEM É ARONI? Segundo a mitologia iorubá, há espíritos que moram na "essência" da floresta (ou no fundo da floresta), chamados de Ajáà. Um desses espíritos é Aroni, que habita na parte mais escura da floresta onde mesmo a luz do sol não consegue penetrar. Diz-se que seu conhecimento acerca das propriedades mágicas das folhas é tão imenso que até os Orixás o temem. Embora Aroni tenha elevado conhecimento das ervas medicinais, só Ossaîn tem o poder da cura. O aspecto físico de Aroni é de gnomo africano ou duende, representado com gorro vermelho enfeitado com búzios, fuma cachimbo de barro ou feito com a casca do ìgbín (caracol), o qual usa para potencializar as propriedades das folhas e encantar as pessoas que se deparam com ele. Anda com uma perna só, semelhante ao Saci-Pererê, e talvez seja a origem do personagem do folclore brasileiro.

Exu

QUAL É A VIBRAÇÃO DE EXU? É relacionado à força da comunicação, da palavra, do sexo, da procriação. Seu ponto de força é a encruzilhada por ser o encontro de dois caminhos. Mas Exu está em todos os caminhos, em todos os lugares e passagens, e não apenas na encruzilhada de rua. Todos os pontos que marcam a entrada e a saída de uma realidade são pontos de firmeza e de manifestação de Exu.

POR QUE AS OFERENDAS PARA EXU SÃO FEITAS EM ENCRUZILHADA? Porque é seu ponto de força, e porque ela é um símbolo de indecisão, é onde se deve obrigatoriamente fazer uma escolha e enfrentar o medo de tomar o caminho errado ou fazer a pior opção. O que aflige o ser humano não é o caminho errado e nem a pior opção, mas sim o momento da escolha. Estar parado no ponto onde dois caminhos se cruzam é Exu.

POR QUE EXU FOI SINCRETIZADO COM O DIABO CRISTÃO? Primordialmente foi entendido como diabo pelos colonizadores, senhores de engenho, traficantes de escravos, missionários, bispos, párocos etc., devido ao seu estilo irreverente, brincalhão e a forma como era representado no culto africano: um falo (pênis) humano ereto, simbolizando a fertilidade. Um Orixá que contrariava as regras mais comuns de conduta aceitas socialmente levaram os primeiros missionários a ligar Exu ao diabo, e fizeram dele o *"símbolo de tudo o que é maldade, perversidade, abjeção e ódio, em oposição à bondade, pureza, elevação e amor de deus"*. Exu jamais se livrou dessa nódoa e foi condenado a ser o Orixá mais incompreendido e caluniado do panteão afro-brasileiro.

POR QUE EXU É REPRESENTADO POR UM FALO (PÊNIS) ERETO? Nas sociedades africanas o poder estava nas mãos dos mais velhos e só o parentesco por parte de pai criava vínculos familiares. Assim, quanto mais parentes, dependentes, agregados e filhos o chefe da família tivesse, maior era seu poder. O homem se casava com uma mulher e podia ter outras esposas e concubinas, inclusive ter várias mulheres era sinal de prestígio, quanto mais poderoso um chefe mais esposas tinha, e quanto mais mulheres pudesse ter mais amplos seriam os laços de solidariedade e fidelidade, pois os casamentos garantiam alianças entre os grupos familiares. Aquele que "possuísse" muitas mulheres, além de ter laços com diversas linhagens teria uma descendência maior porque nascida de suas várias consortes. E quanto mais filhos, mais mão de obra para arar a terra, cuidar do gado e defender a propriedade, sem contar que as mulheres eram as responsáveis pela produção de grãos e mantimentos. Com esse olhar fica fácil entender porque, sendo Exu o protetor dos lares, era representado com um falo ereto. Porém, para os europeus que se relacionavam com as sociedades africanas a poligamia era algo a ser combatido, hábito ligado a formas de vida atrasada e condenada pela religião. Os padres católicos, vendo a representação de um pênis, não viram mais nada além de uma Entidade sexualizada e demoníaca. E até hoje Exu é o diabo.

O QUE É EXU DE DUAS CABEÇAS? Exu é um Orixá de natureza dual (dupla), pois ao mesmo tempo em que é movido pelas necessidades também é movido pelos interesses, por isso o dizer que Exu tem duas cabeças. Suas duas essências são cantadas no ponto que diz *"Exu que tem duas cabeças, ele faz sua Gira com fé, uma é satanás do inferno outra é de Jesus Nazaré"*. Considerando que todo ser humano tem em si a sombra e a luz, no ponto cantado *"satanás do inferno"* representa o lado desconhecido e escuro de si mesmo, os aspectos destrutivos e as projeções sombrias. O oposto é *Jesus de Nazaré*, o bem que também há em cada indivíduo.

Orixá De Frente, Adjuntó E Ancestral

O QUE SIGNIFICA COROA DO MÉDIUM? É a parte de cima da cabeça, chamada também Orí. A Coroa funciona como uma antena de TV capaz de sintonizar todas as transmissões. Coroa é o topo da cabeça (comparada à antena de TV), onde se acredita que os Orixás depositam sua vibração ou essência (as imagens da TV). As duas vibrações melhor sintonizadas são dos chamados Orixás donos da coroa, também conhecidos por "Pai e Mãe de Cabeça". Normalmente a vibração de um dos Orixás de Coroa (ou de Cabeça) é mais forte que a outra, ou seja, é mais atuante que a outra. Esse Orixá, que atua mais fortemente é chamado de "Orixá de Frente" e pode ser o masculino ou o feminino, independentemente do sexo do médium, e lhe determinará algumas características predominantes. O outro é chamado "Adjuntó" que é aquele que auxilia.

O QUE É ORIXÁ DE FRENTE OU ORIXÁ REGENTE?
Também chamado de Orixá da Cabeça ou Orí (cabeça em yorubá), é aquele que acompanha a pessoa na presente encarnação e lhe dá uma direção na vida, é quem guia o ser humano no caminho de sua missão. **Embora todos sejam filhos de todos os Orixás**, o chamado Orixá de Frente é a energia fundamental da atual encarnação, é aquele que dá as características principais da pessoa e marca as particularidades que se sobressaem em sua forma de pensar, sentir e agir.

O QUE É ORIXÁ ADJUNTÓ OU JUNTÓ? O Orixá Adjuntó, Ajuntó ou simplesmente Juntó é um segundo Orixá, formando um par. Este termo quer dizer "junto de" ou ao "lado de". Se o Orixá de Frente é aquele que guiará a pessoa enquanto ela estiver encarnada, o Adjuntó será o seu auxiliar, interferindo e amparando quando houver um desequilíbrio. Sempre que o ser se desequilibra nas qualidades do Orixá de Frente, passa a ser amparado pelas qualidades do seu Orixá de Juntó. Na atual encarnação a pessoa tem no Orixá de Frente as qualidades que é sua missão aprender, e tem no Orixá Juntó a vibração que lhe dará o equilíbrio íntimo e crescimento interior permanentemente. Pode-se dizer que o Adjuntó é a balança da coroa do médium, reequilibrando a ação do Orixá de Frente.

CADA UM DOS SERES HUMANOS TEM UM ORIXÁ REGENTE E UM ADJUNTÓ? Todo ser humano tem TODOS os Orixás. A maioria já ouviu a expressão "Sou filho de Ogun" ou "Sou filha de Oxum" e essa definição já basta. Mas há aí um erro conceitual, porque **cada pessoa** tem TODOS os Orixás influenciando sua existência na medida em que **cada Orixá** é regente em um sentido da vida, e irradia suas forças de forma a equilibrar os diversos aspectos da existência. Por exemplo, uma pessoa que seja filha de Iansã também tem influência de Oxóssi a incentivando a adquirir conhecimento, recebe as irradiações de Oxum regendo suas emoções etc.

O QUE É ORIXÁ ANCESTRAL OU ANCESTRE? O Orixá Ancestral ou Ancestre é aquele que acolheu cada ser humano em seu primeiro momento de existência, no exato momento em que foi criado como espírito muito antes de tornar-se humano e entrar no ciclo reencarnacionista. Desde o princípio e para sempre acompanhará aquele espírito. Ele dá ao ser sua natureza mais íntima, que diz quem é na essência, no mais íntimo e secreto de sua alma. Por exemplo, quem foi criado na "fôrma" de Iansã sempre será Iansã, mesmo que em diversas reencarnações tenha outro Orixá de Frente distinto. Por exemplo, usa-se a expressão *"Made in"* juntamente com o nome do país onde determinada mercadoria é fabricada como forma de identificação, e como o Orixá Ancestral influenciará sempre na característica básica da personalidade da pessoa por todas as reencarnações pelas quais passar, ele será sempre o *"Made in"* daquele espírito.

OS ORIXÁS DÃO ÀS PESSOAS TAMBÉM SUAS CARACTERÍSTICAS NEGATIVAS? Evidentemente que não. Jamais se poderá atribuir ao Orixá a falta de caráter ou tendência à desonestidade. Que fique bem claro que as características negativas de personalidade nunca são do Orixá e sim da pessoa que usa o seu livre arbítrio. Como poderia a emanação do amor de Deus manifestada através das forças da natureza vibrar na Coroa de um "filho" tendência ao roubo ou o gosto à mentira?

TODOS OS FILHOS DE UM DETERMINADO ORIXÁ VÃO SE COMPORTAR DE MANEIRA IGUAL? Não se comportam de maneira igual. Em algumas questões podem no máximo se assemelhar. Um filho de Ogun, por exemplo, tendo seu Adjuntó Nanã terá ímpeto para a guerra, mas terá Nanã para lhe acalmar. Ao contrário do filho de Ogun com Iansã cujo ímpeto para a guerra não será abrandado, pois ambos os Orixás são guerreiros. É importante entender que guerra nesse sentido não é luta armada com o fim de impor supremacia, mas sim à defesa de uma ideia, um valor, um ideal.

POR QUE É CHAMADO ORIXÁ DE FRENTE OU DA CABEÇA? E POR QUE SE DIZ QUE REGE A COROA DO MÉDIUM? Orixá de Frente porque ele regerá a atual encarnação da pessoa e influenciará durante toda a sua vida terrena, pois estará sempre à frente. Estar à frente é encabeçar, chefiar, comandar. Orixá da Cabeça é porque rege a Coroa do médium (chamada Orí), que fica no topo da cabeça, e por onde se recebe todas as irradiações provenientes dos mundos visíveis e invisíveis (espiritual) para o bem e para o mal. É por essa razão inclusive que vários rituais concentram-se nessa parte do corpo, como o Amací e Coroação na Umbanda e o Bori no Candomblé. Os umbandistas são ensinados a preparar ervas e derramar sobre a cabeça pedindo aos Guias de Luz e aos Mestres Amparadores que lancem a energia benfazeja armazenada nas nelas para o equilíbrio espiritual do ser humano.

UM HOMEM SEMPRE VAI TER UM ORIXÁ DE FRENTE MASCULINO E A MULHER TEM NECESSARIAMENTE QUE TER UM ORIXÁ DE FRENTE FEMININO? Não, qualquer Orixá pode estar de frente e qualquer Orixá pode estar de Juntó, apenas deve formar um casal. Homem pode ter Orixá de Frente feminino e de Juntó vai ser masculino. Mulher pode ter Orixá de Frente masculino, logo de Juntó vai ser feminino.

ORIXÁ DE FRENTE E O ORIXÁ DE JUNTÓ SÃO AQUELES QUE REGEM A ATUAL ENCARNAÇÃO? Sim. Em cada encarnação se tem um par de Orixás diferentes.

POR QUE OS ORIXÁS DE FRENTE E ADJUNTÓ GERALMENTE TEM POLARIDADE DIFERENTE? Na maior parte dos casos os Orixás principais que regem formam um par (masculino e o feminino) porque o espírito não tem gênero, e se será homem ou mulher é determinado no momento da programação de sua reencarnação, de modo que poderá encarnar em um corpo de homem ou de mulher diante da sua necessidade de aprendizado. Ocorre que todos tem a memória espiritual onde estão guardados os registros das experiências nos diversos corpos com os quais já reencarnou, e desta forma todo ser humano tem um lado feminino e um lado masculino. Daí justifica-se a atuação do par de Orixás Regentes na coroa dos seus filhos.

DIZ-SE QUE ORIXÁ DE FRENTE E ADJUNTÓ FORMAM UM PAR. É PRECISO NECESSARIAMENTE QUE UM SEJA FEMININO E OUTRO MASCULINO? Sim. Entenda-se masculino e feminino como polaridades do mesmo modo que o Yin e Yang, positivo e negativo e não como gênero (homem e mulher). Polaridade do espírito e o sexo do corpo físico são coisas diferentes, um espírito de polaridade fêmea pode encarnar em um corpo de homem da mesma forma como um espírito de polaridade macho pode encarnar num corpo de mulher de acordo com o planejamento reencarnatório.

ORIXÁ DE FRENTE É SEMPRE APENAS UM ORIXÁ OU PODE SER VÁRIOS ORIXÁS? Enquanto encarnado nesta dimensão espiritual o ser humano recebe influência de todos os Orixás, porém apenas um o direciona na presente encarnação e influencia diretamente a sua personalidade, dando-lhe características próprias como o modo de pensar e o jeito de agir. A este damos o nome de Orixá Regente do Orí (cabeça) ou Orixá de Frente.

DE QUE MODO O ORIXÁ REGENTE PODE INFLUENCIAR A PERSONALIDADE DE UMA PESSOA? Dando características próprias aos seus filhos, por exemplo, pode-se distinguir uma filha de Oxum de uma filha de Iansã sem sombra de dúvida.

É VERDADE QUE SE O MÉDIUM FOR UM HOMEM O ORIXÁ DE CABEÇA TEM QUE SER MASCULINO E O ADJUNTÓ SERÁ FEMININO E SE FOR MULHER SERÁ O INVERSO? Não. Geralmente homem tem Orixá de cabeça de polaridade masculina e mulher de polaridade feminina. Embora muitos Dirigentes de Umbanda entendam que o homem tem necessariamente que ter o Orixá de Frente de polaridade masculina, e a mulher de polaridade feminina, se vê exceções na Coroa de vários filhos de fé.

COMO SABER QUAL É O MEU ORIXÁ? É o Dirigente do Terreiro que identifica os Orixás de cada um dos filhos da Casa. Ocorre que não é incomum a pessoa ir a um Terreiro e ouvir que é de Oxóssi, vai a outro e ouve que é filho de Xangô e a pessoa fica sem saber em quem acreditar. Para ter certeza sobre qual é o seu Orixá, o ideal é o umbandista conhecer as qualidades de todos os Orixás de modo a se identificar com elas. O melhor caminho é estudar, conhecer as características, suas vibrações, e ver com qual se identifica.

POSSO IDENTIFICAR MEU ORIXÁ ATRAVÉS DA DATA DE NASCIMENTO? Não. Orixás não são signos do zodíaco e nem são identificados desta forma. Embora haja semelhança entre as características do signo de Câncer com Oxum, por exemplo, não quer dizer que todos os cancerianos sejam filhos desse Orixá. Os geminianos têm características de Oxóssi, mas não são necessariamente filhos deste Orixá. Os que usam a data de nascimento para determinar o Orixá de Frente e Juntó apenas perdem tempo.

POR QUE ALGUNS DIZEM QUE OS ORIXÁS ESTÃO BRIGANDO PELA COROA DO FILHO? Essa ideia é inconcebível. Os Orixás não brigam, apenas se manifestam quando a pessoa está precisando de outra energia além daquela do próprio Orixá para reestabelecer seu equilíbrio. Por exemplo, uma pessoa que seja filha de Yemanjá e que esteja sofrendo com emoções reprimidas que lhe causam dor emocional e doenças físicas e que não consegue desabafar os sentimentos, Iansã toma a frente para proporcionar o dinamismo e o extravasamento destas emoções contidas, mesmo não sendo seu Orixá de Frente nem Juntó. É preciso que se entenda que **TODOS** carregam consigo **TODOS** os Orixás harmoniosamente divididos para auxiliar o indivíduo em sua vida. Quando um sensitivo percebe a vibração de Iansã do nosso exemplo, pensa que há briga pela cabeça do filho porque naquele momento há mais de um Orixá de frente. Porém é apenas um ato de misericórdia Divina e não briga. Haverá situações no decorrer da vida em que outro Orixá tomará a frente para ajudar o ser a resolver um problema de difícil solução, mas isso não quer dizer que há briga pelo filho, na verdade é um ato de amor.

POR QUE SE DIZ QUE CADA PESSOA É FILHA DE TODOS OS ORIXÁS? As pessoas não recebem influências apenas de um ou dois Orixás da mesma forma que a educação de uma criança não está sob responsabilidade apenas dos pais, ela também recebe cuidados dos professores, dos avós, tios. Por exemplo, quem tem Ogun de frente não deixa de ter todos os outros Orixás e há momentos, circunstâncias e situações na vida em que outros Orixás tomam a frente para ajudar a pessoa a resolver situações difíceis com as quais ela não sabe lidar. Todos são filhos de todos os Orixás.

ORIXÁS DO PANO BRANCO (FUNFUN)
OXAGUIAN, OXALUFAN, OBATALÁ, ORIXALÁ, OXALÁ

QUEM SÃO OS ORIXÁS DO PANO BRANCO? Os chamados Orixás do Pano Branco são todos aqueles relacionados com a criação do universo, considerados ancestrais espirituais e designados genericamente por *Orixá Funfun* que significa *branco* em yorubá. A cor branca configura-se da criação, pois guarda a essência de todas as demais cores, entendendo-se, portanto, que os Orixás que vestem branco trazem em si os poderes dos demais Orixás. Sendo emanações diretas do próprio Deus (Olorun), os Orixás Funfun são os seres mais elevados da escala da existência.

O QUE É ORIXÁ FUNFUN? Funfun em iorubá significa branco, então Orixá funfun é o Orixá que veste branco como Oxalá, Oxalufan, Oxaguian. Na África todos os Orixás que participaram da criação são chamados de Funfun.

QUEM SÃO OXAGUIAN E OXALUFAN? São duas formas que Oxalá assume quando incorpora no Candomblé. Oxaguian jovem e guerreiro e Oxalufan velho e paciente, este último apoiado no Opaxorô que é um tipo de cajado. Na Umbanda não se cultua essa forma de Oxalá.

QUEM É OXALUFAN? Oxalufan foi o primeiro Orixá criado por Oxalá, tendo idade de imensa antiguidade, por isso apresenta-se com movimentos lentos. É o representante maior das divindades funfun e no Candomblé "desce" nas cabeças dos seus iniciados, diferente de **Oxalá, que é uma força tão imensa que não pode ser medida, e com um poder tão grande que seria perigoso ao orí (coroa/cabeça) do ser humano.** É quem determina o que cada pessoa merece receber, mas deixa que o livre arbítrio exista e seja sempre supervisionado pelo Orixá de cada um.

QUEM É OXAGUIAN? É o mais novo dos Orixás do panteão do branco (funfun), mas isto não o transforma em um jovem, pois nenhuma divindade integrante deste grupo é considerada jovial porque são pertencentes à época da criação, o que os tornam possuidores de idade apagada da memória pelo tempo. Oxaguian só é menos ancião que seu pai, Oxalufan. Representa o nascer do dia, simboliza o primeiro raio de Sol que esquenta a terra fria da madrugada. Ele é a claridade vencendo e cortando a escuridão da noite, "acordando" o dia e ajudando o ser a criar um novo ciclo de vida.

QUEM É OBATALÁ? Dentre os Orixás do Pano Branco o mais importante é Obatalá, o Senhor ou Rei das Vestes Brancas, também conhecido como Orixalá.

QUEM É ORIXALÁ? É o nome do mais importante Orixá funfun, também cultuado como Obatalá (Obàtálá). O nome Orixalá (Òrìsànlá) foi contraído e deu origem à palavra Oxalá, e com esse nome passou a ser conhecido no Brasil e na Europa. No Xirê (sequência de danças feitas aos Orixás no Candomblé, semelhante a Gira na Umbanda) Oxalá é homenageado por último porque ele representa a totalidade, o único Orixá que, igual Exu, reside em todos os seres humanos. Todos são seus filhos já que a humanidade vive sob o mesmo teto.

QUEM É OXALÁ? Dizem os ìtàn (lendas) que Olodumarê/Olorum (O Eterno, O Onipotente, O Criador do mundo) junto com a criação do céu e da terra trouxe para a existência as outras divindades Orixás a fim de ajudá-lo a administrar sua criação. Oxalá foi o primeiro a ser concebido e encarregado de criar não só o universo, como todos os seres e todas as coisas que existiriam no mundo. Oxalá é considerado e cultuado como o maior de todos os Orixás. A ele pertencem os olhos que tudo veem!

ZAMBI, OLORUN, OLODUMÁRE, TUPÃ

QUEM SÃO ZAMBI, OLORUN, OLODUMÁRE, TUPÃ? O maior fundamento da Umbanda é a crença em um Deus único, que é denominado Zambi ou Olorun. Zambi é o nome que Deus recebe no Candomblé da nação de Angola. Na nação Ketú o Ser

Supremo é chamado **Olodumáre ou Olodumaré**, que vive numa dimensão paralela à nossa, conhecida como Orun (pronuncia-se *ôrún*) e por isso também aclamado como Olorun ou o Senhor do Orun. Dependendo da Linha de Trabalho das Entidades que se manifestam nos Terreiros de Umbanda usam a palavra **Zambi ou Olorun** para se referir ao Criador, sem que isso signifique se tratar de divindades distintas. Em razão das influências indígenas na Umbanda também é chamado de Tupã ou, pela influência católica, chamado simplesmente de Deus. Olorun é o Todo e os Orixás são as partes desse Todo, cuja missão é sustentar a criação divina. Uma imagem para se entender essa relação é a fruta (Olorun) e seus gomos (Orixás). São irradiações divinas que amparam homens e mulheres durante o processo de evolução espiritual. Olorun ou Zambi não possui representações em imagens e nem templo próprio, pois na Umbanda entende-se que seu templo está em todos os lugares da natureza (rios, mares, matas etc.).

FORAM ADÃO E EVA OS PRIMEIROS SERES A HABITAREM O PLANETA? A palavra Adão vem do hebraico A-dam, significando ser humano ou humanidade, portanto não é referência a um homem específico. Da mesma forma a palavra Eva também não representa uma mulher em especial, pois ela vem do hebraico "HaVVaH" que significa mãe dos viventes associada a palavra "HaYaH" cuja interpretação é existir ou ser (no sentido de viver). Adão não foi o primeiro e nem o único a povoar a Terra, e não foram Adão e Eva que geraram a humanidade. Essas duas figuras apenas simbolizaram as raízes do povoamento da Terra em linguagem alegórica, de forma que o tempo pudesse trazer condições para as devidas interpretações desse texto. O surgimento do homem no planeta ocorreu de forma coletiva, tanto assim que deixaram registros de sua passagem em todas as épocas e em várias partes do planeta.

LINHAS DE TRABALHO

Para conhecer mais sobre as Linhas de Trabalho sugerimos a leitura do livro "Descomplicando os Guias de Umbanda - Para Leigos"

POR QUE SURGIRAM AS LINHAS DE TRABALHO? As Linhas surgiram para que mentores do astral pudessem se manifestar dentro dos Terreiros de Umbanda em benefício dos necessitados, integrados a uma esfera de trabalho sob a responsabilidade de um determinado Orixá. Os Guias espirituais fortalecem em si as qualidades desse Orixá e passam a ser os intermediadores no mundo dos encarnados. Por exemplo, os trabalhadores espirituais que atuam sob a vibração de Ogun contém em si o sentido da persistência, que é uma característica do Orixá, e desta forma traz inspiração aos seres humanos encarnados para perseguir com firmeza seus objetivos. Muitas entidades que trabalham na Umbanda são figuras simbólicas, como por exemplo, o Preto Velho que se mostra como um escravo que viveu em condições degradantes e que a tudo superou com fé, amor e determinação, e ensina as pessoas a vencer as adversidades através de seus exemplos. Porém isso não significa que aquela Entidade que se chama Preto Velho tenha sido escravo em vidas passadas.

A QUE SE REFERE QUANDO SE FALA DAS LINHAS DE TRABALHO DA UMBANDA? Às Linhas que se apresentam nos Terreiros sob a roupagem de Caboclos, Pretos Velhos, Boiadeiros, Baianos, Exus etc., e que foram pensadas e organizadas de modo que os umbandistas as pudessem entender. Cada Linha está sob a direção de um Orixá, que emite Sua Luz e Força para aquela corrente específica. Essa "força viva" tem a finalidade de equilibrar e harmonizar o padrão vibratório de quem a recebe, alterando seus sentimentos mais íntimos e estimulando pensamentos e ações mais nobres e virtuosos.

Os Guias

QUEM SÃO OS GUIAS ESPIRITUAIS NA UMBANDA? Também chamados Catiços ou Capangueiros, os Guias são protetores e mentores espirituais entendidos como mensageiros. São trabalhadores da Luz dispostos a guiar, intuir e proteger por uma ou mais encarnação, auxiliando o ser humano em sua evolução espiritual. São espíritos humanos que já viveram no plano físico, passaram por várias encarnações e adquiriram conhecimento e sabedoria e são, portanto, nossos ancestrais. Apresentam-se com roupagens variadas como Preto Velho, Caboclo ou Boiadeiro etc., com modo de falar e gestual característicos da Linha de Trabalho, sempre motivados pela firme vontade de ajudar aos irmãos necessitados. Os Capangueiros são os enviados dos **Orixás Menores chamados também de "Falangeiros"**. Atuam em suas respectivas Linhas de Trabalho procurando orientar a humanidade em auxílio a sua evolução espiritual.

POR QUE OS GUIAS NÃO TÊM NOMES PRÓPRIOS QUE OS IDENTIFIQUEM? Que proveito teria se os Guias de Umbanda, tão criticados pelos preconceituosos, se apresentassem como Dr. Fulano de Tal, prodígio em matemática ou Dr. Beltrano, mestre nas leis da dinâmica química ou Dr. Sicrano, laureado com o Nobel de Física? Umbanda é religião e não ciência, os Guias não se apresentam como doutores ou com nomes pomposos, famosos, com a finalidade de causar excessiva impressão na mente das pessoas porque os Guias de Umbanda não precisam disso, são desprovidos do ego.

OS ESPÍRITOS TRABALHADORES SÃO AGREGADOS POR CULTURA OU RELIGIÃO? Os espíritos são agregados através da afinidade mental e emocional, pois no mundo espiritual não há barreira da língua, religião, cultura, etc. Todas as Linhas de Trabalho da Umbanda surgiram como forma de ordenar grupos numerosos de trabalhadores espirituais com característica comuns entre si, e dispostos a atuar no movimento umbandista. Seus obreiros têm atributos e qualidades semelhantes, porém não iguais porque, encarnados ou não, todos mantemos nossa individualidade. Unem-se, portanto, em egrégoras espirituais os trabalhadores que tem gostos e personalidades semelhantes, compondo as Linhas de Caboclo, Pretos Velho, Baiano etc. **Os espíritos de Caboclos, Pretos Velhos e todos os outros Guias de Lei de Umbanda ganham roupagens energéticas que simbolizam a força espiritual (chamada *egrégora*), o modelo como se apresen-**

tarão para serem entendidos (chamado *arquétipo*) e a vibração que dá sustentação ao trabalho por eles realizado (chamado *Orixá*).

Os Guias de Umbanda - Cláudia A. Argoud

TODOS OS GUIAS SÃO MUITO EVOLUÍDOS? Não. Tem variados graus de conhecimento e progresso e continuam estudando, trabalhando e se aprimorando. Como os seres encarnados também os Guias prosseguem nas suas evoluções.

COMO SABER QUAL O GRAU DE EVOLUÇÃO DE UM GUIA? Não nos cabe perguntar sobre o grau de evolução dos trabalhadores que vem por amor nos ajudar porque isso é assunto pessoal de cada mensageiro.

OS GUIAS TEM PLENO CONHECIMENTO DE TODOS OS ASSUNTOS? Os espíritos incorporantes em todas as religiões desse orbe são almas dos homens e mulheres que aqui viveram, assim sendo não possuem nem a plena sabedoria nem a ciência integral. O saber de que qualquer um de nós dispõe, estando encarnados ou desencarnados, se limita ao grau que alcançamos de adiantamento. A opinião do espírito só tem o valor de uma opinião pessoal e por isso deve-se ter sempre em mente que não são infalíveis. Não é incomum dois Guias distintos de um mesmo médium emitir opiniões contrárias a respeito de um único tema. Porém a simples comunicação com essas Entidades, independente do que digam os céticos, prova a existência do mundo espiritual, da vida em um mundo paralelo invisível aos nossos olhos e que aos poucos vai se revelando aos que quiserem acreditar.

SE OS GUIAS NÃO TEM A RESPOSTA DEFINITIVA PARA NOSSAS DÚVIDAS, ENTÃO POR QUE SE DÃO

AO TRABALHO DE VIR AO TERREIRO E CONVERSAR CONOSCO? Qual outra forma os encarnados poderiam conhecer a existência do mundo espiritual, seus costumes e a natureza desse mundo? E além do mais em uma Gira de Pretos Velhos, por exemplo, as pessoas encontram vovôs e vovós com uma humildade emocionante e que com suas boas palavras, rezas e benzimentos incitam o ser humano a melhorar, a ter uma postura mais amorosa com a humanidade e consigo mesmo. Em uma Gira de Caboclo os Guias ensinam a alcançar a cura espiritual ou material através da força de vontade, plantam no ser humano a semente da energia do guerreiro e todos sentem a motivação renovada. Os Baianos incitam a firmeza nos vários campos da vida, no trabalho, nas relações humanas, firmeza na própria fé na vida para poder alcançar os objetivos. E nenhum deles fala verdades incontestáveis.

POR QUE NÃO SE APROPRIAM DE NOMES CONHECIDOS E RESPEITADOS COMO EM OUTRAS RELIGIÕES? Na Umbanda não existe espírito de doutor Fulano ou doutor Beltrano, na Umbanda é Caboclo tal pertencente à Falange tal e ponto final porque a missão dessas Entidades é trazer a simplicidade e a fraternidade. Para os umbandistas não importa quem ele é (ou foi) e sim a mensagem. Esses trabalhadores a todos abrem os braços e estão sempre prontos para ouvir e ajudar. Quando perguntado sobre quem foi em vida, respondem simplesmente *"Não importa quem fui, hoje sou apenas um Caboclo"*, pois não precisam que se preste loa a seu nome.

MUITAS PESSOAS PEDEM AOS GUIAS PARA PARAR COM UM VÍCIO COMO O DA BEBIDA, POR EXEMPLO, OU ADQUIRIR AUTOESTIMA. OS GUIAS PODEM ATENDER? Os Guias não podem jamais interferir no livre arbítrio. E também cabe a cada um valorizar a si mesmo. Os Guias não são mágicos que vão dar jeito na vida de ninguém, é dever de cada um assumir a responsabilidade de sua vida. Os Guias apontam os recursos que a pessoa tem para mudar, mas não carregam ninguém no colo.

MAS SE OS GUIAS NÃO PODEM MUDAR A VIDA, O QUE PODEM FAZER EM BENEFÍCIO DA PESSOA? Ensinar que somente ela tem o poder de modificar sua vida é um dos benefícios. Também podem ajudar com conselhos e sugestões. Podem encorajar a mudança, mas coragem e ação para fazer mudanças profundas é responsabilidade de cada um consigo mesmo.

OS GUIAS AJUDAM AS PESSOAS SOMENTE QUANDO ESTÃO NO TERREIRO? Não. Ajudam o tempo todo sugerindo atitudes misericordiosas, inspirando palavras de consolo e esperança, sugestionando pensamentos positivos que estimulam o ser humano a buscar com serenidade as soluções.

COMO SABER SE QUEM ESTÁ FALANDO CONOSCO É MESMO UM GUIA DE LUZ? Usando de bom senso saberá se é ou não um mistificador. Perceba se o que os Guias dizem despertam bons sentimentos.

O GUIA PODE FAZER PREVISÕES PARA MINHA VIDA?
Não é papel do Guia de Umbanda predizer o futuro nem dizer certos fatos que em nada beneficiam a pessoa conhecer. Os espíritos de luz podem pressentir um acontecimento futuro quando esse conhecimento for útil, mas jamais precisar datas, por exemplo, e esse é um indicativo de fraude e mistificação. Também é importante saber que nenhum Guia de Umbanda, assim como todo espírito incorporante em qualquer religião, tem o monopólio da verdade porque todos somos seres em evolução.

QUAL É UM FORTE INDICATIVO DE QUE NÃO ESTAMOS LIDANDO COM UM GUIA DE UMBANDA E SIM COM UM MISTIFICADOR?
Linguagem ridícula, vulgar, pretensiosa usando o que se convencionou chamar de "falar difícil", ou quando procura estimular a vaidade e orgulho com elogios desproporcionais e exagerados. Os bons espíritos não aconselham nada além das coisas racionais.

Desconfie se estiver ingerindo álcool em demasia porque o espírito não precisa beber, e se ele bebe é para amortecer o médium.

Baforar charuto na cara das pessoas é um forte indicativo de mistificação, porque uma Entidade sábia e com um mínimo de esclarecimento entende que isso prejudica a saúde, e sabe que há outros meios de limpar os miasmas espirituais.

Espírito que para transmitir energia fica apalpando o assistido demonstra claramente falta de conhecimento e, na maior parte das vezes, é intromissão e despreparo do médium, porque a Entidade sabe o limite do perispírito que é onde devem ser depositadas as energias curadoras.

Os que mandam acender velas de outras Linhas, por exemplo, um Caboclo mandar acender vela de Exu, ou Boiadeiro mandar acender vela de Preto Velho, é forte indicativo de mistificação porque cada Entidade, caso seja necessário, manda acender a vela para sua Linha, e no máximo vai sugerir que a pessoa consulte em outra Linha, mesmo assim sem compromisso com qualquer médium em especial, inclusive o seu.

Falar em outras línguas é forte indicativo, pois os Guias podem acessar as informações pertencentes ao médium e deste modo também podem falar o seu idioma.

Jamais um médium pode conversar sobre vidas passadas, pois isso impressiona perigosamente a mente do assistido e ninguém tem acesso a tais informações, e em nada pode ser útil tal conversa.

Guias que mandam acender vela em igrejas ou usar água benta é tão absurdo que nem há palavras para classificar.

A ENTIDADE ESPIRITUAL PODE PREDIZER O DIA DA MORTE DE ALGUÉM? Jamais dirá mesmo que saiba. Todo ser humano, até o último minuto da vida, tem chance de aprender e mudar. Se souber que o prazo está se encerrando ou se desespera ou simplesmente desiste.

ENTIDADES COM O MESMO NOME SÃO AS MESMAS? Não. São espíritos diferentes que assumiram nome idêntico em função de haverem se integrado à mesma falange. Um Caboclo ou Preto Velho com nome igual, por exemplo, indica apenas que tem características, ou especialidades, ou missões parecidas. Não há nenhum problema em, no mesmo Terreiro e na mesma Gira, ter dois ou mais Guias atuantes com o mesmo nome. Ademais, não é o nome do Guia que deve interessar, e sim o grau de compromisso que o médium tem com a espiritualidade.

POR QUE ALGUMAS ENTIDADES ALGUMAS VEZES CHORAM? As Entidades não choram. As Sereias, por exemplo, são trabalhadoras da Linha das Águas que fazem a limpeza energética nos Terreiros e proferem cânticos que se confundem com choro. Mas quando o médium de fato chora é porque o tipo de energia do Guia pode comovê-lo, daí o choro. Também pode acontecer, devido ao impacto vibratório da Entidade, que nem sempre o médium está com o mental preparado para compartilhar. Mas geralmente não ocorre em médiuns mais equilibrados porque o choro não tem ligação com nenhum Guia de Umbanda.

POR QUE ALGUNS MÉDIUNS DESRESPEITAM AS PESSOAS ALEGANDO QUE "O SANTO NÃO BATEU"? Porque se não é dado conhecimento sobre a religião de Umbanda ele desenvolve opiniões e ideias insignificantes construídas sobre o alicerce da ignorância. E muitos médiuns justificam as próprias falta de cordialidade e educação usando o nome do "santo".

POR QUE ASSIM QUE INCORPORAM ALGUMAS ENTIDADES LOGO EXIGEM CIGARRO E BEBIDA? Por que já está aprofundada na Umbanda a ideia de que o Guia, principalmente de Esquerda, precisa ingerir litros de bebida alcoólica e fumar um cigarro atrás do outro. Isso, infelizmente, é fruto de desequilíbrio do médium e descontrole do Dirigente. O Guia não precisa de nada disso.

AO SER PERGUNTADO SOBRE SEU NOME, O CABOCLO DAS SETE ENCRUZILHADAS, INCORPORADO EM ZÉLIO DE MORAES, RESPONDEU "SE É PRECISO QUE EU TENHA UM NOME, ME CHAME DE CABOCLO DAS SETE ENCRUZILHADAS PORQUE NÃO HAVERÁ CAMINHOS FECHADOS PARA MIM". POR QUE O NÚMERO SETE? Porque sete é um número mágico e todos os Caboclos que levam Sete no nome representam em si mesmos todos os caminhos para se chegar a Deus, não havendo caminhos fechados para eles. Todo Guia que tem Sete no nome trabalha nos sete caminhos e nas sete esferas de ação.

COMO ENTENDER OS SETE CAMINHOS PARA CHEGAR A DEUS DOS GUIAS QUE TEM SETE NO NOME? Os sete caminhos para se chegar a Deus são os sete padrões vibratórios de sete Orixás que desvendam os sete sentidos da Vida. Fé de Oxalá, Amor de Oxum, Conhecimento de Oxossi, Justiça de Xangô, Lei de Ogun e Iansã, Evolução de Omulu/Obaluaiê, Geração (Vida) de Yemanjá. Esses são os sete caminhos que se entrecruzam nas encruzilhadas de Exu.

QUAIS SÃO AS SETE ESFERAS DE AÇÃO QUE OS GUIAS QUE TEM SETE NO NOME TRABALHAM? A esfera de ação de Yemanjá que corresponde à necessidade de acolhimento familiar e de amor fraternal. A esfera de ação de Ogun que corresponde à necessidade de energia, defesa, determinação e tenacidade. A esfera de ação de Xangô que corresponde à necessidade do discernimento, justiça, estudo, raciocínio concreto e metódico. A esfera de ação de Iansã que corresponde à necessidade de mudança, deslocamentos, transformações materiais, avanços tecnológicos e intelectivos. A esfera de ação de Oxóssi que corresponde à necessidade de saúde, nutrição, expansão, energia vital, equilíbrio fisiológico. A esfera de ação de Oxum que corresponde à necessidade de equilíbrio emocional, concórdia, amor, complacência e reprodução. A esfera de ação de Omulu que corresponde à necessidade de compreensão do carma, de regeneração, de evolução, transformações e transmutações cármicas. Oxalá é a união de todos eles, traz em si as vibrações de todas as esferas de ação.

FALANGEIROS E CAPANGUEIROS

O QUE SÃO FALANGEIROS E CAPANGUEIROS? FALANGEIROS, também chamados de **ORIXÁS MENORES**, são os chefes espirituais das Falanges que para efeito de entendimento vamos comparar a uma tropa do exército, onde Ogun é o marechal, os Falangeiros são os generais e abaixo deles estão os trabalhadores aos quais se dá a denominação de Capangueiros, e que, em nosso exemplo, obedecem a uma hierarquia de comando onde tem coronéis, majores, capitães, tenentes, sargentos e soldados. Nada há de belicoso nos Capangueiros e Falangeiros, aqui foram comparados a um esquadrão militar apenas para efeito de entendimento.

QUAL A DIFERENÇA ENTRE ORIXÁ, FALANGEIRO E CAPANGUEIRO? Orixás são as forças da natureza, portanto não incorporam na Umbanda. **Falangeiros** são os representantes diretos de cada um dos Orixás, são Entidades que se afinizam com a vibração de um Orixá. **Capangueiros** são espíritos desencarnados dotados de luz e sabedoria, e atuam sob as ordens dos Falangeiros.

COMO DISTINGUIR O FALANGEIRO DO CAPANGUEIRO? O **Falangeiro** carrega o nome do Orixá em seu próprio nome. Exemplo: Ogun Rompe-Mato. O **Capangueiro** não carrega o nome do Orixá. Exemplo: Caboclo Rompe-Mato.

COMO SABER QUEM SÃO OS FALANGEIROS E OS CAPANGUEIROS NO TERREIRO? Os **Falangeiros dos Orixás** não falam, não utilizam bebida e nem fumo nos trabalhos, não dão consultas. Trabalham na harmonização do Terreiro afastando fluídos pesados e no desenvolvimento e equilíbrio dos médiuns. Já os Guias **Capangueiros dos Orixás** dão consultas e utilizam a bebida e o fumo como instrumentos de trabalho, e interagem com as pessoas, isto é, conversam.

SÓ OS CABOCLOS SÃO CAPANGUEIROS? Não, todos os Guias como Pretos Velhos, Caboclos, Crianças, Boiadeiros, Marinheiros, Baianos, Exus e Pombogiras Guardiões que trabalham sob a vibração de um Orixá também podem ser considerados Capangueiros.

O QUE É FALANGE? Pode-se entender Falange como um grupo de seres espirituais que trabalham dentro de uma mesma Linha comandada por um Falangeiro cujo saber é superior.

OGUM ROMPE-MATO É O MESMO QUE CABOCLO ROMPE-MATO? Não, são duas entidades diferentes. Ogun Rompe-Mato é um Falangeiro, isto é, o intermediador de Ogun e Oxóssi. Caboclo Rompe-Mato é um Capangueiro, ou seja, uma Entidade de Luz que trabalha na Linha de Ogun sob a orientação do Falangeiro Ogun Rompe-Mato. Alguns não colocam a palavra **"Caboclo"** na frente do nome do Capangueiro e por isso há confusão de alguns médiuns que pensam estar trabalhando com um Falangeiro.

Guia Chefe

QUEM É O GUIA CHEFE? Guia Chefe, também chamado de Guia de Frente, Guia de Cabeça, Mentor ou Espírito Ancestral, é aquele que acompanha o médium desde o nascimento e será aquele que o acolherá na morte do corpo físico. São espíritos que, ao contrário dos Orixás, já viveram nesse plano de existência, e por evolução espiritual conquistada a partir das experiências obtidas em suas passagens terrenas, ocupam hoje a posição de Mestres ou Mentores. Guias Chefes normalmente são Caboclos, Pretos Velhos, mas podem ser também qualquer outro Guia de Luz que trabalha nos campos da caridade com seu médium. Na Umbanda há mais de um Guia ligado ao médium e todos fazem parte de uma *"equipe"*, onde existe hierarquia e cujo chefe é o espírito mais puro e experiente, ou seja, o Guia Chefe.

CADA TRABALHADOR DA UMBANDA TEM UM GUIA QUE O ACOMPANHA. MAS QUEM É ESSE GUIA? COMO SE DEFINE QUEM VAI SER GUIA DE QUEM? Esse Guia pode ser um grande amigo de muitas vidas, companheiros no amor, irmãos que se amam, assim como também pode ser um carrasco em vidas passadas, um agressor, opressor, torturador, pode ser um atormentador que busca corrigir atos desumanos. **Os Guias não são escolhidos ao acaso, sempre são espíritos que tem um elo cármico fortíssimo com o médium**, seja do amor ou da dor. Os que não frequentam a Umbanda também têm seus Guias, porém eles os chamam de Anjo de Guarda.

COMO SE RECONHECE O GUIA CHEFE? É no processo de desenvolvimento mediúnico que vão surgindo às primeiras manifestações desse Guia, que por serem muito intensas ou muito brandas destoam totalmente das manifestações dos outros. Na fase do desenvolvimento mediúnico, que é aquela em que o médium ainda está conhecendo a incorporação, o Guia Chefe se comporta de forma diferenciada, cuidando muito mais de sintonizar a energia do médium.

OS GUIAS CONVERSAM COM SEUS PROTEGIDOS? Mais do que se imagina.

Caboclos

QUAL FOI A PRIMEIRA ENTIDADE A SE MANIFESTAR NA UMBANDA? O Caboclo foi o primeiro a se manifestar na Umbanda através de Zélio de Moraes, e nomeou-se Caboclo das Sete Encruzilhadas.

DE QUE FORMA SE MANIFESTAM OS CABOCLOS? Nos Terreiros manifestam-se como indígenas embora não necessariamente tenham sido índios em vidas passadas. Apresentam-se com uma postura vigorosa e conhecedores das forças da natureza, as quais manipulam para auxiliar o ser humano em questões que o aflige como saúde e a luta diária pela sobrevivência.

QUAL É O MAIOR ENSINAMENTO DOS CABOCLOS? Ensinam o valor da coragem e persistência para conquistar o que se quer desde que seja bom e justo para todos.

CABOCLO É IGUAL A OXÓSSI? Não. Oxóssi é Orixá. Os Caboclos são Guias de Umbanda e conhecedor das matas e de toda a vida que ela abriga. A mata é associada com Oxóssi, o Senhor das Florestas, e por isso entende-se que **TODO CABOCLO ESTÁ LIGADO À VIBRAÇÃO DE OXÓSSI**, mas não é Oxóssi.

TODOS OS CABOCLOS SÃO DE OXÓSSI? Existem Caboclos e Caboclas de todos os Orixás, mas a Linha de Trabalho sempre é sustentada por Oxóssi. Por exemplo, existem os Caboclos da Praia, do Mar e das Ondas que recebem a vibração de Yemanjá. Há Caboclos que recebem a vibração de Xangô, como o Caboclo da Montanha. Tem os que recebem vibração de Oxum, como os Caboclos da Cachoeira ou dos Rios. Deste modo diz-se que todo Caboclo trabalha na Linha de Oxóssi, mas são regidos (recebem vibração) por seus respectivos Orixás.

QUAL É A DIFERENÇA ENTRE CABOCLO DE PENA E CABOCLO DE COURO? Caboclo de Pena é aquele que os umbandistas identificam com a roupagem fluídica dos ancestrais indígenas e o Caboclo de Couro é aquele que na Umbanda chama-se Boiadeiro.

COMO É A SAUDAÇÃO QUE SE FAZ AOS CABOCLOS? Saúdam-se os Caboclos dizendo *Okê, Caboclo!*

QUAL É O DIA DA SEMANA E A COR DOS CABOCLOS? O dia da semana é quinta feira e a cor é verde.

MÉDIUNS QUE RECEBEM CABOCLOS CHEFES DE FALANGE OU CUJOS NOMES SÃO MAIS CONHECIDOS TEM MAIS FORÇA NOS TRABALHOS? Isso só é verdade para médiuns vaidosos que demonstram ignorância se vangloriando. Observe que quando estão no Terreiro os Caboclos tratam uns aos outros como iguais, pois a eles o que importa é o trabalho espiritual e a caridade que se propuseram a fazer.

POR QUE OS CABOCLOS GRITAM? Os caboclos não gritam, quem grita é o médium mal orientado que em algum momento viu outros fazendo um escândalo e acreditou que é assim que se comporta o Caboclo quando incorporado. Terreiro em que se acredita que Caboclo bom é "Caboclo Gritador" parece hospício. Esses excessos afastam muita gente da religião. O brado do Caboclo é lindo, discreto.

POR QUE OS CABOCLOS ASSOBIAM? São representações, na incorporação, dos sons da natureza. Simbolicamente tem a mesma função dos defumadores, charutos e cachimbos, ou seja, preparar o ambiente para os trabalhos que ali serão realizados.

O CABOCLO TEVE AO MENOS UMA ENCARNAÇÃO COMO ÍNDIO? Não necessariamente. O índio representa a Linha de Caboclo porque foi o primeiro habitante desta terra. Tem trabalhadores dessa Linha que nunca tiveram encarnação como índio, mas ao adentrarem a Umbanda assumem a roupagem perispiritual de índio.

QUAL É A FUNÇÃO DOS CABOCLOS NAS GIRAS? São chamados para todo tipo de trabalho, tanto material como espiritual, e por isso diz-se que constituem o braço forte da Umbanda. Os Passes dos Caboclos são poderosos e os resultados de seus trabalhos aparecem muito rapidamente.

O QUE SIGNIFICA CABOCLO QUIMBANDEIRO? É aquele que não trabalha necessariamente somente dentro do Terreiro, e que trabalha bastante com os Exus. São os que, juntamente com os chamados "Exus Quimbandeiros", combatem os espíritos trevosos. São os Caboclos que atuam no astral inferior, os que resgatam os espíritos que estão em sofrimento nesses círculos espirituais tenebrosos. Dentre os Caboclos Quimbandeiros os mais conhecidos são Caboclo Pantera Negra, Caboclo Pantera Vermelha, Caboclo Jiboia, Caboclo Mata de Fogo, Caboclo Águia Valente, Caboclo Corcel Negro e Caboclo do Monte.

O QUE SIGNIFICA CABOCLO QUEBRADOR DE DE-

MANDA? Primeiramente é preciso entender o que é "demanda". A demanda é o instrumento de uma irradiação de fluídos perversos vindo de pessoa ou grupo, repleta de raiva, rancor, mágoa, inveja, ciúme, sentimento de competição, quase sempre movidos pela ideia de vingança e tomados pelo ódio. Esses sentimentos ocupam de tal forma a mente e o coração que cega à pessoa, tornando obcecado aquele que por essas emoções se deixa influenciar. Tomado pelo ódio irracional, irradia intensamente fluídos negativos para atingir aquele que é o alvo de sua insanidade. O Caboclo quebrador de demanda trabalha arduamente para eliminar ou pelo menos minimizar os efeitos deletérios de tais irradiações e combater os emissários, quase sempre espíritos tomados pela insanidade devido a ódio e revolta.

O QUE É DEMANDA? É a irradiação de fluídos perversos emanados por pensamentos de ódio e vingança, e também pelos que optaram por trabalhar com as forças negativas do astral inferior. Demanda são as "batalhas espirituais". Alguns pontos cantados falam sobre ela, cuja finalidade é lembrar aos filhos de fé que há Entidades espirituais que trabalham sob as leis divinas para proteger os que são vítimas de sentimento de profunda inimizade e desejo de destruição. Um exemplo é o ponto cantado *"Rei da demanda é Ogum Megê / Quem rola as pedras é Xangô, Kaô / Flecha de Oxossi é certeira / É Oxalá, é meu Senhor / Sete linhas da Umbanda, sete linhas pra vencer / É a lei de Oxalá: ninguém pode perecer / Tem Oxum nas cachoeiras / Iemanjá deusa do mar/ Iansã pra defender / Cosme e Damião para ajudar (ou Pai Ogum pra demandar)".*

A DEMANDA SE DÁ SOMENTE A PARTIR DE TRABALHOS DE BAIXA MAGIA? Não. Também de pensamentos dirigidos à vítima de maneira intensa, permanente, com o objetivo de causar dor e sofrimento, de forma a impedir que tenha êxito em seus intentos ou mesmo que nada de positivo aconteça, inclusive ocasionando doença física ou mental. Alguns já reencarnam trazendo tais sentimentos na bagagem, frutos de questões de vidas passadas não resolvidas, hostil em relação a uma pessoa às vezes dentro da própria família como missão de resgate. Quase sempre aquele que é alvo da ira alheia nem mesmo sabe o que o está atingindo, e fragilizado deixa-se abater pelas emanações impiedosas que causam verdadeiras tragédias em sua vida, seja de ordem material, mental, física, e que não raro o sofrimento se estende aos que estão próximos, principalmente os familiares. É nesse momento que vem em socorro os Caboclos quebradores de demanda ou Caboclos Mandingueiros, para quebrar (eliminar) a demanda e transformá-la, devolvendo o equilíbrio, fortalecendo e protegendo a pessoa atingida. Os Caboclos que atuam nesse campo são, dentre outros, Caboclo Cobra Coral, Caboclo Ventania, Caboclo Gira Mundo.

PRETOS VELHOS

QUEM SÃO OS PRETOS VELHOS? Pretos Velhos ou Pais Velhos são espíritos trabalhadores da Umbanda que se apresentam em corpo fluídico de velhos africanos que viveram nas senzalas. São espíritos Guias de elevada sabedoria, que trazem esperança e tranquilidade aos anseios dos que os procuram para amenizar suas dores e aflições. São afetuosos e pacientes, oferecem o amor e a fé aos que lhes pedem ajuda. Tão afáveis e simples que se sentam nos conhecidos "banquinhos de Preto Velho" de modo a ficarem abaixo dos que a eles pedem auxílio ou no máximo no mesmo nível, em uma inequívoca demonstração de humildade.

TODOS OS PRETOS VELHOS FORAM ESCRAVOS E MORRERAM IDOSOS? Não é correto crer que todo Preto Velho e Preta Velha foram negros ou morreram velhos. Muitos servidores do Alto que utilizam essa aparência nunca foram escravos, nem aqui no Brasil nem em qualquer lugar do mundo.

O PRETO VELHO É VELHO MESMO? E PRETO? Não necessariamente. Caboclo, Criança, Preto Velho são roupagens espirituais. O plano espiritual criou uma roupagem que fala a língua da nação brasileira. Ao adentrar no movimento umbandista, no plano espiritual, o espírito faz sua opção: Caboclo, Preto Velho, Marinheiro, ou seja, assume a roupagem perispiritual de um índio, um boiadeiro, um marujo e adota a mensagem espiritual daquela roupagem. O Caboclo nos mostra a simplicidade, a altivez desprovida de orgulho, o amor por si e pela natureza, o poder da natureza. O Preto Velho nos fala da humildade, da sabedoria, quando conversamos com os Pretos Velhos inconscientemente nos postamos aos seus pés em respeito ao seu caminhar. A Criança nos remete a pureza, nos ensina a depositar nossa confiança nas mãos do Pai como faz uma criança, pura e com alegria de viver.

DIZEM QUE PRETO VELHO É FEITICEIRO. MAS FEITICEIRO NÃO É UM SER EGOÍSTA QUE FAZ MALDADE? Não. Feiticeiro é aquele que conhece as forças da natureza e sabe usá-las em benefício da humanidade.

O QUE SIGNIFICA PRETO VELHO QUIMBANDEIRO OU MANDINGUEIRO? São os que trabalham com a Esquerda inclusive nos círculos inferiores, combatendo a demanda. Conhecem a boa magia que nada mais é do que a utilização das plantas, raízes, sementes, ervas preparadas das mais variadas formas para o uso de defumação ou banhos purificadores, para proteção e cura. Fazem mandingas como os amuletos, por exemplo.

AO INCORPORAR UM PRETO VELHO QUE TRABALHA COM FEITIÇARIA, O MÉDIUM TORNA-SE FEITICEIRO TAMBÉM? Em todas as incorporações, independente da Linha de Trabalho, o médium é apenas o veículo de qualquer prática. É preciso que o médium se conscientize que é apenas um instrumento, portanto é injustificável se envaidecer.

QUAL É A DIFERENÇA ENTRE INCORPORAR UM GUIA COMO CABOCLO OU PRETO VELHO, E INCORPORAR UM ORIXÁ? Não se incorpora Orixá porque ninguém suportaria a intensidade de sua energia. Os Orixás possuem trabalhadores espirituais que estão sob suas ordens diretas, chamados Falangeiros, e cuja luz bastante intensa impede que haja, na maioria das vezes, incorporação completa, apenas se aproximam do médium e irradiam sua energia no plano físico através dessa aproximação. O Falangeiro não fala e o médium move-se de forma contida e limitada, alguns inclusive agem de forma cadenciada, parece que estão aplicando um passe. Quando o médium incorpora uma Entidade (Caboclo, Preto Velho, Baiano, Boiadeiro etc.) e estas conversam, dão conselhos, fazem limpeza energética nos assistidos, está incorporando um Capangueiro.

QUAIS SÃO AS MAIORES HABILIDADES DOS PRETOS VELHOS? Têm grande habilidade no manejo das forças da natureza e das ervas medicinais. Estão ligados à vibração de Omulu/Obaluaiê, por isso são feiticeiros poderosos. Fumam cachimbo ou cigarro de palha, benzem com ramo de arruda e com terço católico, conversam e dão conselhos aos que os procuram para desabafar, demandam contra o baixo astral, e suas baforadas nos cachimbos são para limpeza e harmonização das vibrações de seus médiuns e de assistidos. Sugerem remédios e tratamentos caseiros para os males do corpo e da alma. Apresentam-se como tio, tia, pai, mãe, vó ou vovó, vô ou vovô.

O QUE É LINHA DE PRETO VELHO? Quando se fala em Linha de Preto Velho se faz referência a uma grande Linha de Trabalho, ou seja, uma grande faixa vibratória onde espíritos com os mesmos propósitos ingressam para cumprir sua missão.

OS PRETOS VELHOS SÃO ANTIGOS ESCRAVOS ANALFABETOS? TRAZEM OS SINAIS CARACTERÍSTICOS DA ESCRAVIDÃO? O espírito se manifesta com a roupagem fluídica com a qual ele vai poder ser interpretado de forma positiva em um ambiente. De que serviria em um ambiente frequentado por pessoas simples e humildes uma manifestação intelectualizada, fazendo uso de palavras que a maioria não faz ideia do que significa? Os espíritos se adéquam às necessidades humanas formando Linhas de Trabalho dentro da Umbanda e visam, suavemente, agregar as consciências dos que frequentam os Terreiros, permitindo que cada um seja despertado em seu íntimo para uma mudança gradual e benéfica.

POR QUE OS MÉDIUNS INCLINAM O CORPO PARA FRENTE NA GIRA DE PRETO VELHO? Na incorporação dos vovôs e vovós o médium sente vibração que começa com um "peso" nas costas, fazendo com que incline o corpo para frente. Essas Entidades andam apenas para as saudações ao Atabaque, Gongá e Dirigente ou Guia que está comandando a Gira. Ficam sentados durante os atendimentos, e alguns poucos Pretos Velhos se mantêm em pé.

POR QUE OS NOMES DOS PRETOS VELHOS SÃO QUASE SEMPRE IDÊNTICOS? Na época terrível da escravidão, assim que os negros aportavam no Brasil, perdiam o direito de usar o seu nome africano e de praticar as suas antigas tradições. Eram batizados segundo a fé católica e recebiam nomes portugueses, sendo o sobrenome geralmente a identificação da fazenda onde nascera ou para a qual fora vendido. O sobrenome também podia mostrar a procedência da região africana na qual vivia, ou o nome do porto africano por onde tinha sido embarcado para a cruel escravidão em terras brasileiras. Os principais portos eram de Benguela, Cabinda, Costa da Mina e Luanda, e assim os escravos passavam a ser chamados Benguela, Cabinda, Congo, Angola. Por exemplo: Maria Mina, José Cabinda, Joaquim D'Angola, Maria Conga. Na Umbanda, o nome com o qual o Preto Velho ou Preta Velha se apresenta, além de mostrar sua procedência, também lhe distingue sua Linha de *atuação*.

HÁ UMA VOVÓ PRETA CHAMADA MARIA CABINDA E OUTRA CHAMADA MARIA CAMBINDA?

Sim, são duas Pretas Velhas. Embora os nomes sejam quase idênticos, a diferença é que Cambinda (com a letra "m") não é uma região africana e sim a denominação que se dava ao grupo de negros que percorriam as ruas louvando santos católicos, e que hoje conhecemos como Maracatu. Cabinda (sem a letra "m") é uma cidade e também um porto de Angola de onde eram embarcados os negros escravos. Os vovôs e vovós são de Cabinda e não Cambinda, por exemplo, Vovó Cabinda de Angola. O nome da Preta Velha Mãe Cambinda de Guiné pode indicar que era uma negra cambinda e que veio da Costa da Guiné (chamada de Costa dos Escravos), na África.

PRETO VELHO E OMULU É A MESMA ENTIDADE?

Não, Omulu é Orixá. É importante saber que **todos** os Pretos Velhos **"vêm" na Linha das Almas** (Omulu/Obaluaiê), mas cada um recebe a irradiação de um Orixá diferente.

QUANDO É COMEMORADO O DIA DO PRETO VELHO? E O DIA DA SEMANA?

Dia 13 de Maio, quando se

comemora a libertação dos escravos, é comemorado na Umbanda o Dia do Preto Velho. Na semana é segunda feira.

QUAL É A COR DAS VELAS DOS PRETOS VELHOS? A cor das velas, assim como das Guias, são bicolores preta e branca.

COMO É A SAUDAÇÃO DOS PRETOS VELHOS NA UMBANDA? Saúdam-se os queridos pais velhos dizendo *"Adorei as Almas!"*.

Crianças / Erês

AS CRIANÇAS TAMBÉM SÃO CHAMADAS DE ERÊS? Sim, na Umbanda elas são chamadas de Erês, Ibejada ou Beijada, Dois Dois, Cosminhos e Ibêjis. Por influência do sincretismo com os santos católicos são conhecidos também como Crispim e Crispiniano (irmãos e mártires), Cosme, Damião e Doúm (uma característica em relação às representações de São Cosme e São Damião é que junto aos dois santos católicos aparece uma criancinha vestida igual a eles, chamada de Doúm ou Idowu, que personifica as crianças com até sete anos, sendo ele o protetor dos guris nessa faixa de idade). Por influência da cultura indígena também são chamados de Curumins (palavra de origem Tupi-Guarani que designa "criança").

QUAIS SÃO AS CARACTERÍSTICAS DOS ERÊS? Têm características e traços relativos à maneira de agir, de reagir e falar das crianças, além do gosto por brinquedos e doces, por isso simbolizam a pureza e inocência. Incorporados em seus médiuns transmitem grande alegria a todos através de brincadeiras e divertimentos. Quando "chegam" nos Terreiros, os Erês "vêm" sempre brincalhões, travessos, meigos e chorões.

OS ERÊS SÃO APENAS CRIANÇAS? São Entidades de grande atuação e força espiritual, e é voz corrente entre umbandistas que quando uma criança faz uma mandinga só ela tem o poder de tirar.

POR QUE OS ERÊS USAM BRINQUEDOS? Os brinquedos são seus instrumentos de trabalho quando incorporados, por isso é comum ver uma Criança pegar o nome de alguém a quem se quer ajudar e colocar, por exemplo, dentro do carrinho ou boneca, junto com a chupeta, etc.

AS CRIANÇAS VÊM NAS GIRAS APENAS PARA BRINCAR E COMER DOCES? Muitos pensam que durante as Giras elas estão apenas comendo doces ou brincando, mas não é assim que deve ser entendido porque os Erês, quando incorporados, vibram com intensidade e ininterruptamente a energia da natureza (Orixás) a que estão ligados, umas são das cachoeiras vibrando Oxum (Pedrinho da Cachoeira), outras das praias vibrando Yemanjá (Rosinha da Beira da Praia), do mar (Ondinha do Mar), das pedreiras vibrando Xangô (Joãozinho da Pedreira), das matas vibrando Oxóssi (Paulinho das Matas). Basta entrar na sua sintonia infantil, brincando e comendo doce, que acontece toda uma limpeza espiritual. Nas Giras os Erês incorporam nas mais variadas formas, algumas vezes virando cambalhota, outras pulando muito, rolando no chão, etc. Esse tipo de comportamento na incorporação nada mais é do que a forma de descarregarem seus médiuns e as pessoas ali presentes e, ao mesmo tempo, trazer a alegria contagiante para o ambiente.

ERÊ E IBÊJI SÃO AS MESMAS ENTIDADES? Não, Ibêji são Orixás Criança, gêmeos infantis. Os Erês são agrupados na Linha das Crianças, também chamada Linha de Yori ou Linha de Ibêji, e ligados à vibração de Oxum.

QUAL É A DATA COMEMORATIVA DA LINHA DAS CRIANÇAS? É dia 27 de setembro, quando acontece a Festa de Cosme e Damião e têm-se costume de enfeitar os Terreiros com bandeirinhas, muitos doces, brinquedos, bolos e a maioria das Casas de Umbanda abrem suas portas e oferecem fartura de guloseimas e brinquedos para as crianças como forma de agradecimento, e homenagem aos erêzinhos. Da Festa de Cosme e Damião participam pessoas de todas as religiões, é festa linda onde os Erês, com sorrisos e alegria, fazem grandiosos trabalhos. Em atos aparentemente simples como bater palmas e cantar, sem que se perceba, a ajuda que vem do alto já está acontecendo.

POR QUE SE COSTUMA DAR DOCES, REFRIGERANTES, ALÉM DE FRUTAS, AOS ERÊS NOS JARDINS? É onde as oferendas normalmente são feitas.

QUAL É A SAUDAÇÃO AOS ERÊS NA UMBANDA? Saúda-se os Erês dizendo *"Oni Beijada"*, *"Oni Beji"* ou ainda *"Caminha Beijada"*.

QUAIS AS CORES DOS ERÊS E O DIA DA SEMANA?

Suas velas, assim como as Guias, são cor de rosa ou azul claro. O dia da semana de Cosme e Damião é domingo.

É VERDADE QUE OS ERÊS SÃO ESPÍRITOS ADULTOS QUE SE PASSAM POR CRIANÇAS? Não. Se assim fosse seria uma enganação, um teatro. São de fato espíritos de natureza infantil.

POR QUE SE DIZ QUE "O QUE UMA ERÊ FAZ NEM EXU DESFAZ"? A Falange das Crianças é uma das poucas que consegue dominar a magia, por isso são dotadas de imenso poder espiritual.

POR QUE ERÊS SÃO CHAMADOS DE DOIS DOIS? É o nome pelo qual são designadas as pessoas gêmeas.

BAIANOS

QUEM SÃO OS BAIANOS DA UMBANDA? A Linha dos Baianos é formada por trabalhadores alegres, que ensinam que o ser humano deve viver livre de tudo, sem se preocupar com o alheio. São grandes manipuladores de energia e da magia, e ótimos conselheiros. Trazem sempre palavras de conforto e auxílio para as coisas do dia a dia na vida terrena. Trazem também a esperança de dias melhores e a força para perseguir esses dias porque, ensinam, *"depende de cada um e de mais ninguém mudar os rumos da própria vida"*.

O QUE OS BAIANOS DA UMBANDA ENSINAM? Os Baianos ensinam a importância de se reagir com tranquilidade às dificuldades, contratempos e obstáculos. Mostram que compreender as adversidades, aceitar o que não pode ser mudado, assumir que não se pode ter tudo, e respeitar as opiniões, ideias e pensamentos de outras pessoas faz a diferença entre ser feliz e ser infeliz nessa vida. Ensinam com simplicidade a importância de ter autoconfiança e a armadilha da autossuficiência.

OS BAIANOS GOSTAM DE BRINCAR COM AS PESSOAS? Sim, gostam. Embora espontâneos sempre são muito respeitosos, fazem brincadeiras sadias e jamais provocam ou zombam de ninguém.

COMO SÃO AS GIRAS EM QUE TRABALHAM OS BAIANOS? São descontraídas e bonitas. Essas Entidades movimentam o corpo em passos de danças que se assemelham ao Xaxado e a Capoeira. Muitos falam com o sotaque próprio das regiões do nordeste do Brasil, embora as Entidades que trabalham nessa Linha, como em todas as outras, não foram necessariamente baianos ou baianas.

OS BAIANOS DA UMBANDA TIVERAM FORAM ENCARNADOS NA BAHIA? Como acontece em todas as Linhas de Umbanda, aqui também é apenas a forma como as Entidades se apresentam, um arquétipo. Muitos umbandistas entendem os Baianos como os primeiros sacerdotes da Bahia e do Nordeste, que mantiveram, sustentaram e divulgaram o Culto aos Orixás.

O QUE É ARQUÉTIPO? É um modelo que as Entidades utilizam como referência para o comportamento básico, por exemplo, a Madre Teresa de Calcutá é o arquétipo da bondade. Dessa forma se fazem entender e reconhecer.

POR QUE LINHA DE BAIANOS? POR QUE NÃO EXISTE TAMBÉM A LINHA DE PAULISTAS, GAÚCHOS, CARIOCAS? A Bahia foi a porta de entrada da cultura africana no Brasil. Por lá entraram os Orixás, o axé, os segredos da natureza e sua relação com o ser humano. Assim sendo a espiritualidade, ao permitir a organização de Linha de Trabalho que se manifestaria nos Terreiros trazendo todo o conhecimento da magia dos ancestrais, deu a ela o nome "Linha de Baianos".

A QUAL LINHA DE TRABALHO ESPIRITUAL PERTENCEM OS BAIANOS? Os Baianos pertencem à chamada Linha das Almas, a mesma dos Pretos Velhos. Atuam sob a regência de Iansã e trabalham sob a vibração de todos os Orixás. Melhor explicando, Iansã rege a Linha dos Baianos, mas cada Entidade em particular recebe a vibração de seu Orixá regente. Iansã, sendo Orixá dos ventos, é a grande responsável pelo movimento energético dos planetas, e por serem regidos pela Senhora dos Ventos costuma-se dizer que os Baianos são "movimentadores", não gostam de ver nada nem ninguém parado ou estacionado que logo colocam em atividade, daí se diz que os *"Baianos são ótimos para dar um empurrãozinho"*. Em alguns Terreiros vemos presentes nesta Linha trabalhadores que se apresentam como Cangaceiros (Lampião, Maria Bonita, Corisco). Trabalhador ativo nessa Linha é Zé Pelintra, que trabalha também na Linha de Jurema e Linha de Malandros.

O QUE É VIRADA DE BAIANO? Por serem muito atuantes na quebra de demandas não raro acontece a chamada "Virada de Baianos", quando "*viram*" na Esquerda para lidar com energias negativas porque são Guias que mesclam características da Direita e da Esquerda.

QUANDO A "VIRADA DE BAIANO" PASSA A SER TRABALHO DE ESQUERDA? Caso o padrão vibracional do Terreiro, mesmo com a Virada de Baianos, continue pesado e o ambiente incomodado por perturbações, aí então será chamado o Exu do Terreiro. Neste momento, os trabalhadores que de princípio atuavam na faixa vibracional de Entidades de Direita passarão a atuar na faixa Esquerda, ou seja, os médiuns incorporarão seus respectivos Exus para descarrego de forças negativas e o trabalho passa a ser feito com vibrações muito mais densas.

NA "VIRADA DE BAIANO" ESSA ENTIDADE SE TRANSFORMA EM EXU? Não. Nenhuma Entidade de Umbanda se transforma em outra. Em situações em que o Terreiro, o médium ou mesmo as pessoas que frequentam a Casa estão sob a influência de forças negativas, o Baiano (assim como o Preto Velho) pode mudar sua própria vibração assumindo a roupagem fluídica (ou energética) usada quando em missões de trabalho juntamente com os Exus, trabalhos esses que fazem parte da missão dos Baianos. Quem assiste essa ação acredita que se transformou em Entidade de Esquerda, mas não corresponde a verdade. A Gira, nesse caso, continuará sendo da Linha de Direita.

ONDE SÃO FEITAS AS OFERENDAS AOS BAIANOS DA UMBANDA? O QUE É USADO NAS OFERENDAS? São feitas geralmente na natureza ao lado de um coqueiro. Usa como elementos magísticos batida de coco, água de coco, cigarro de palha, fumo de rolo. Nas festas quase sempre são servidos coco, cocada, farofa com carne seca.

QUAL É A COR DOS BAIANOS? A cor de suas Guias e velas é alaranjada ou qual for definida pela Entidade.

QUAL É O DIA DA SEMANA E COMO É A SAUDAÇÃO AOS BAIANOS? O dia da semana para mentalizar os Baianos é quarta feira. Saúdam-se os Baianos da Umbanda dizendo *"É da Bahia, Meu Pai!"*.

O QUE SE PEDE AOS BAIANOS DA UMBANDA? Pede-se a eles que ajudem a lidar com as adversidades, que tragam esperança e alegria no viver, pede-se auxílio quando é preciso resolver problemas e situações cotidianas e de amparo ao próximo. Pede-se também para o desmanche de trabalhos de magia negra, para a realização de rituais de "abertura de caminhos", para encaminhamento de espíritos sofredores (kiumbas). Dão passes, conhecem orações e rezas fortes e alguns trabalham benzendo com água e dendê.

POR QUE EM ALGUNS TERREIROS OS BAIANOS PARECEM MAIS DUROS, FALAM ALTO E EM OUTROS TERREIROS SÃO MAIS BRANDOS, INCLUSIVE MANIPULAM FLORES E VELAS? O modo como todas as Entidades trabalhadoras se apresentarão depende da forma de trabalho do Chefe da Casa, seus Guias e dos Orixás regentes.

BOIADEIROS, MARINHEIROS, ÍNDIOS, SÃO PERSONAGENS MENOSPREZADAS NA PIRÂMIDE SOCIAL. ISSO SIGNIFICA QUE ESSES ESPÍRITOS QUE ASSUMEM TAIS ROUPAGENS SÃO ATRASADOS OU ESQUECIDOS? De forma nenhuma. Esses "personagens" foram escolhidos pela espiritualidade por serem ricos em significado. Os índios, por exemplo, foram desprezados, massacrados. Os boiadeiros são homens que vivem reclusos no campo, levando o gado, espoliados pelos donos das fazendas. Os marinheiros, marujos, pescadores são quase invisíveis socialmente, quase nunca nos lembramos deles. O baiano antigamente saía de sua terra em busca de vida melhor nas cidades grandes do sudeste, sempre exercendo trabalhos menores, além de que grande número de trabalhadores dessa Linha foram Babalorixás e Yalorixás baianos, sacerdotes africanos do culto de Orixás, arrastados à força para o Brasil. A Umbanda veio resgatar isso com espíritos esclarecidíssimos, que entram na Umbanda e, cheios de amor, vem trabalhar com um povo simples, que sofre e que se identifica com seus iguais.

COMO OS BAIANOS AJUDAM OS SIMPLES, OS QUE SOFREM? Através de boas palavras, bons conselhos, e sempre pela manipulação de energia que realizam. E a pessoa, em algum momento, é tocada.

BOIADEIROS

BOIADEIRO É TAMBÉM CHAMADO DE CABOCLO BOIADEIRO? Sim, e também Caboclo da Jurema ou Baiano Boiadeiro. São aqueles trabalhadores que com energia vigorosa conduzem o grande número de espíritos que vão ser tratados dentro dos Terreiros.

QUAL É A FUNÇÃO MAIOR DESSES TRABALHADORES NA UMBANDA? É acompanhar espíritos decaídos que atormentam os encarnados, encaminhando-os para Guias espirituais de socorro. A missão dos Boiadeiros não é dar consulta como os Pretos Velhos e nem passes como os Baianos, e sim a dispersão de energia pesada do Terreiro, dos médiuns e assistidos. Estão sempre atentos a qualquer alteração de energia do local, assim como estão atentos também à entrada de encarnados e desencarnados, como vigias que controlam tudo o que acontece, sempre prontos a interferir e acudir os necessitados.

COMO OS BOIADEIROS SE APRESENTAM NAS GIRAS DE UMBANDA? Embora notáveis por favorecer a limpeza profunda no campo espiritual, são muito autoritários, de poucas palavras, disciplinados, sérios. O arquétipo do Boiadeiro é a figura do tocador de gado, vaqueiro, posseiro, capataz, enfim, dos homens que conduzem e guardam animais e que aprenderam a lidar com toda sorte de circunstâncias desagradáveis e situações inesperadas, fazendo que algo ruim seja transformado em bom.

BOIADEIRO E OGUN SÃO A MESMA ENTIDADE? Não, Ogun é Orixá. Essa Linha é regida por Ogun, embora cada Boiadeiro trabalhe na vibração do seu Orixá pessoal como acontece nas demais Linhas de Trabalho da Umbanda.

QUAL É A DIFERENÇA ENTRE CABOCLO BOIADEIRO E BAIANO BOIADEIRO? Ambos são trabalhadores da Linha dos Boiadeiros, mas os espíritos que se apresentam como Caboclos Boiadeiros são mais ligados à mata sob a irradiação do Orixá Oxóssi. Os Caboclos da Jurema ou Baianos Boiadeiros são Entidades mais ligadas à Bahia, semelhante aos Baianos, e atuam sob a irradiação de Iansã.

POR QUE MUITOS USAM LAÇO E CHICOTE? O laço e o chicote são os seus instrumentos magísticos de trabalhos espirituais. É traço marcante da manifestação desses trabalhadores o movimento circular com os braços levantados, simulando o manejo de um laço.

POR QUE ALGUNS BRADAM COMO SE ESTIVESSEM TOCANDO GADO, COM VOZ ENÉRGICA DIZEM "ÊÊÊ BOI", ALTO E RÁPIDO, COM TOM DE ORDEM? Está mandando espíritos enganadores que entraram no local se retirar. É dessa forma que "*descarregam*" o ambiente. Alguns se apresentam dizendo pertencer a diferentes regiões do Brasil como nordeste, sul, centro-oeste.

CHAPÉU DE COURO OU JOÃO BOIADEIRO SÃO OS NOMES DOS BOIADEIROS? Não. Assim como os demais espíritos da Umbanda, também os Boiadeiros são organizados em falanges, por exemplo, Zé do Laço, Zé Mineiro, João Boiadeiro, Chapéu de Couro, Chico da Porteira, são denominações das Falanges e não da Entidade propriamente.

ONDE SÃO FEITAS AS OFERENDAS? São realizadas nas campinas, nos espaços abertos ou beira de estradas.

QUAL É A COR? E O DIA DA SEMANA? Suas Guias e velas são azuis ou vermelhas como Ogun, ou qual seja definida pela Entidade. O dia da semana para mentalizar os Boiadeiros é terça feira.

COMO É A SAUDAÇÃO AOS BOIADEIROS? Saúdam-se os Boiadeiros dizendo *"Xetro Marrumbaxêtro! Jetruá!"*, palavras que não existem nos dicionários, são chamadas onomatopeia, que significa a formação a partir da reprodução aproximada, com os recursos de que a língua dispõe, de um som natural do estralar do chicote (como "din-don" é o som da campainha, "atchim" o espirro, "tibum" o som de alguém caindo).

É VERDADE QUE BOIADEIRO É UM EXU EVOLUÍDO? Não. Seria a mesma coisa que dizer que Exu é uma Entidade inferior que foi *"promovida"* a Boiadeiro. Não existe Guia de Umbanda que sobe de posição ocupando um cargo mais elevado.

QUANDO OS BOIADEIROS FALAM DO "BOI" ESTÃO SE REFERINDO AO BOVINO? Não. Nos Pontos cantados e nas Giras de Boiadeiro sempre se mencionam palavras que tem significado muito especial. Boi se refere ao ser humano, porque é hábito dos Boiadeiros de Umbanda narrar sua missão espiritual de amparar e encaminhar o encarnado ou desencarnado em desunião com as Leis divinas. Quando diz que o *"boi está desgarrado do rebanho"* narra sua missão de resgatá-lo. Como exemplo é o ponto cantado *"Seu boiadeiro olha que linda boiada / Está faltando um, está faltando um / Pra completar a boiada"*.

E A QUE SE REFEREM QUANDO FALAM "BOIADA"? Boiada significa um grande número de bois que, normalmente, estão agrupados num só local. Na linguagem figurada dos Boiadeiros, boiada é a multidão de irmãos desequilibrados que essas Entidades *"recolhem"* para encaminhá-las rumo às veredas da evolução espiritual. *"Boiadeiro, boiadeiro / Sua boiada esparramada / Boiadeiro chama seu guia / E vai ver sua boiada"*.

A QUE SE REFERE O PONTO CANTADO QUANDO DIZ QUE O "BOI ESTÁ ATOLADO"? Refere-se a irmãos desencarnados que estão presos em plano intermediário entre o mundo físico e o espiritual, descrito no entendimento dos Boiadeiros como região astral pantanosa.

OS PONTOS CANTADOS QUE DIZEM "BOIS ATOLADOS EM LAMAÇAIS" FAZEM ALUSÃO A QUE? Aos irmãos que se meteram em vícios, presos na areia movediça da dependência física ou psicológica, afundados na lama da degradação.

O QUE SIGNIFICA "BOIS AFOGADOS EM RIOS"? Refere-se aos irmãos que caíram nas águas profundas e turvas das paixões humanas, e quando se está em águas profundas perde-se o controle sobre tudo, inclusive sobre si mesmo.

O QUE QUER DIZER O PONTO CANTADO QUANDO MENCIONA "BOI FOI ATRAVESSAR O RIO E FOI ARRASTADO PELA CORRENTEZA"? Refere-se aos irmãos que tiveram tudo puxado para longe de si, objetos ou pessoas, levado pela correnteza.

VÁRIOS PONTOS CANTADOS FALAM DE "BOIS QUE SE EMBRENHARAM NAS MATAS E SE PERDERAM". REFEREM-SE A QUE? Referem-se aos irmãos que agem de maneira descuidada e sem refletir, e de repente se encontram em complicações desesperadoras, sob ameaça grave e colocando em perigo a própria existência e integridade. Buscam saídas, mas não conseguem sair nem enxergar o outro lado e até mesmo o céu devido à quantidade de árvores e galhos que há nas matas. Ou seja, problema de difícil resolução.

COMO ENTENDER QUANDO FALAM EM "LAÇAR E TRAZER DE VOLTA"? E QUANDO FALAM EM "CHICOTE"? Laçar é recolher os espíritos rebelados que se desgarraram e trazê-los de volta para a grande corrente evolucionista da humanidade. Laço e chicote é uma forma de linguagem figurada para demonstrar que sua missão é resgatar os espíritos rebelados contra a Lei de Deus, mesmo que seja preciso usar de força caso ofereçam resistência. No ponto cantado *"Me chamam Boiadeiro / Boiadeiro eu não sou não / Eu sou laçador* *de gado / Boiadeiro é meu patrão"* demonstra a humildade desta Entidade ao cantar que é simples obreiro de Deus (laçador de gado) e que Boiadeiro é Ogun, o Orixá regente da formidável Linha espiritual de Boiadeiros.

MARINHEIROS

POR QUE OS MARINHEIROS DA UMBANDA FICAM COM O CORPO BALANÇANDO DE UM LADO E OUTRO? ESTÃO BÊBADOS? Quando os Marinheiros chegam aos Terreiros agem como se estivessem *"desembarcando"* do mar, também chamado Calunga Grande, gingando pra lá e pra cá, gargalhando e abraçando, *"balançando"* e cumprimentando todos com fortes apertos de mão. Os Marinheiros de Umbanda oscilam como quem está se equilibrando no convés de um navio em alto mar. Parecem bêbados, mas que ninguém se engane que embriagados não estão. Na incorporação os médiuns vão com o corpo para frente e para trás porque, como trabalhadores espirituais que se manifestam nas irradiações *"ondulantes"* do mar de Yemanjá, estão em harmonia com as vibrações desse Orixá.

QUAL É A RELAÇÃO DOS MARINHEIROS DA UMBANDA COM IEMANJÁ OU RAINHA DO MAR? A Linha ou falange dos Marinheiros tem sua origem na vibração da Rainha do Mar (Iemanjá).

É VERDADE QUE O CORPO DO MÉDIUM SENTE A FORÇA DA ARREBENTAÇÃO, A FORÇA DAS MARÉS? Sim. É através dos seus *"balanços"* que os Marinheiros fazem a limpeza da carga acumulada nos Terreiros de Umbanda, principalmente após trabalho mais pesado, levando toda a negatividade para as ondas do mar sagrado, por isso dizem *"Já lavei o chão do navio (tombadilho). Agora está tudo bem limpo"*!

COMO É O TRABALHO DOS MARINHEIROS DA UMBANDA? Seu trabalho é realizado em descarrego, passe, no desenvolvimento dos médiuns e em outros trabalhos que possam envolver demandas e descargas pesadas. Não são muito indicados para se conversar ou solicitar consulta.

COMO É A SAUDAÇÃO AOS MARINHEIROS? Saúda-se essa linha dizendo *"Salve a Marujada!"* ou *"Salve o Povo do Mar!"*.

ONDE SÃO FEITAS AS OFERENDAS? E A COR? Fazem-se oferendas aos Marinheiros na orla do mar. Suas Guias são geralmente azul claro e as velas branca, azul ou bicolor branca e azul.

QUAL É O DIA EM QUE SE COMEMORA A LINHA DOS MARINHEIROS E O DIA DA SEMANA? O dia de comemoração aos Marinheiros é 13 de dezembro e na semana, sábado.

É VERDADE QUE OS MARINHEIROS SÃO ESPÍRITOS DE BAIXA EVOLUÇÃO? Muitos afirmam isso porque desconhecem que todas as Entidades que atuam na Umbanda o fazem em estrita obediência a espíritos superiores de extraordinária sabedoria e sublime bondade. Como permitiriam os Mestres Superiores que espíritos de baixa evolução se apresentassem nos Terreiros para ajudar aos necessitados? Quem soltaria um tigre faminto em uma escola para crianças?

OS MARINHEIROS SÃO ESPÍRITOS DE EMBRIAGADOS QUE COMPARECEM AOS TRABALHOS DE UMBANDA SÓ PARA SE EMBEBEDAR? Os Marinheiros, quando se inicia a Gira, dão a impressão que estão alcoolizados porque o balanço que fazem é um ponto de descarrego do ambiente. Criam uma onda de energia no ambiente assim como as ondas do mar, santuário aberto para onde tudo é levado a fim de ser purificado e depois devolvido. Eles não "balançam" porque estão bêbados, **ou alguém já viu algum Marinheiro cair no chão do Terreiro?**

TODO MARINHEIRO "BALANÇA" QUANDO SE INICIAM OS TRABALHOS? Não, muitos andam normalmente. Depende da irradiação que ele atua.

É VERDADE QUE MARINHEIRO PARA TRABALHAR BEM TEM QUE INGERIR BEBIDA ALCOÓLICA? Esta é a interpretação de muitos umbandistas que nem mesmo sabem definir o que é "trabalhar bem". Quando há uma diferença muito grande de ligação energética entre o médium e seu Guia, por exemplo, quando o médium tem problemas pessoais dos quais é difícil desligar o pensamento, é possível realizar maior sintonia entre eles ingerindo pequeníssimos goles de bebida alcoólica, deixando a mente do médium mais permeável de modo a receber às energias irradiadas pelo Guia Marinheiro, facilitando a incorporação.

MAS HÁ MARINHEIROS QUE NÃO CONSOMEM "PEQUENÍSSIMOS" GOLES, E SIM GARRAFAS CHEIAS DE BEBIDA. O Guia é um espírito que se preparou e obteve a permissão da Lei Divina para vir ajudar os encarnados, eles sabem com maestria manipular os elementos usando-os nas quantidades necessárias. Se o médium é alguém que aprecia bebida alcoólica e a ingere sem nenhuma moderação, o faz movido pelo próprio despreparo, e justifica a sua fraqueza dizendo que "quem bebe é o Marinheiro". Desnecessário dizer que a mistificação do médium nesse caso é do tamanho da sua embriaguez.

O QUE DIZER AOS QUE FREQUENTAM TERREIROS EM QUE MARINHEIROS BEBEM LITROS DE UÍSQUE E CACHAÇA DURANTE A GIRA? Caia fora.

A QUE SE REFERE À PALAVRA "MAR" NOS PONTOS E NAS CONVERSAS COM OS MARINHEIROS? Refere-se à vida do ser humano.

O QUE QUEREM DIZER COM "O MAR TÁ BRAVO"? Querem dizer que concordam que a pessoa está passando por grande dificuldade.

QUANDO FALAM A PALAVRA "BARCO" SIGNIFICA UMA CANOA OU ALGO ASSIM? Não. É por "barco" que designam o médium ou os assistidos que pedem conselho.

QUEM É O "CAPITÃO DO NAVIO"? Deus. Também se referem a Ele como Capitão Maior.

QUANDO OS MARINHEIROS DIZEM QUE "LAVARAM O TOMBADILHO" QUASE NINGUÉM COMPREENDE. Tombadilho é o convés do navio, mas na linguagem dessas Entidades significa o Terreiro. Então querem expressar que já limparam a carga negativa do ambiente.

Ciganos

OS CIGANOS PERTENCEM A LINHA DO ORIENTE? No passado a Linha dos Ciganos era uma falange da Linha dos Povos do Oriente, agora constitui Linha própria de trabalho.

QUEM SÃO OS CIGANOS DA UMBANDA? São Entidades conhecedoras do antigo esoterismo e magia baseada no poder da natureza, e poucos os Terreiros trabalham com eles.

EM QUE OS CIGANOS FAVORECEM AS PESSOAS? Alegres, as energias que vibram em suas Giras favorecem a prosperidade, a boa sorte e a união familiar. Observam as fases da Lua para os trabalhos sendo a Lua Cheia a mais favorável. O arquétipo do Cigano é um ser de alma livre, desapegado. É necessário que se esclareça que nessa Linha há trabalhadores que tiveram encarnação como cigano, e há também os que jamais o foram labutando por afinidade com a magia cigana.

COMO SÃO AS FESTAS DOS CIGANOS NOS TERREIROS? Suas festas são das mais lindas da Umbanda, com muita música e alegria, alguns Terreiros levam violinos, pandeiros, viola. As mesas nos dias de festa estão fartas com frutas, flores silvestres, rosas, velas, incenso, arroz cru simbolizando a prosperidade, trigo e pães representando a fartura, moedas para atrair riqueza, o vinho que é a bebida universal do povo cigano. Não são esquecidos os símbolos dos quatro elementos da natureza que são pedras de cristal representando a terra, vela acesa em representação do fogo, cálice cheio de água e o incenso representando o ar. Durante a festa acende-se uma fogueira porque o fogo representa a purificação das pessoas e do ambiente (tudo na Umbanda tem um significado).

POR QUE HÁ SEMPRE MUITA COR NOS TRABALHOS ESPIRITUAIS DOS CIGANOS? De fato os Ciganos usam muitas cores nos trabalhos, mas cada um tem cor de vibração no plano espiritual em concordância com seu Orixá. Aos Ciganos sempre são acesas duas velas, uma geralmente branca e outra da cor estipulada pela Entidade. Alguns Terreiros mantêm altar separado do gongá onde são mantidos incenso, pedra da qualidade e cor apropriada dependendo da vibração do Orixá sob a qual o Cigano trabalha, uma taça com água e uma segunda taça com vinho. Para as Ciganas costuma-se substituir o vinho pelo licor doce.

QUAL ORIXÁ REGE A LINHA DOS CIGANOS? É uma Linha espiritual sob a irradiação de Oyá-Iansã, cuja cor de vibração é salmão ou coral, cor utilizada também nas Guias, embora alguns Terreiros tenham adotado o amarelo e vermelho.

COMO É A SAUDAÇÃO AOS CIGANOS? E ONDE SÃO FEITAS AS OFERENDAS? Saúda-se dizendo *"Arriba Cigano!"* ou *"Salve Santa Sara Kali!"* ou ainda *"Salve todo povo Cigano!"*. As oferendas são feitas junto a árvore na mata ou jardim.

QUAL É O DIA EM QUE SE COMEMORA O CIGANOS DA UMBANDA? E NA SEMANA? O dia de comemoração aos Ciganos é 24 de maio, dia da padroeira Santa Sara Kali, santa católica protetora do povo cigano e provedora de sorte, amor, saúde, fartura e vida longa, e que na Umbanda representa a orientadora dos Ciganos para o bom andamento das missões espirituais. Na semana, quinta feira. Pedem-se aos Ciganos principalmente a cura, amor e prosperidade.

ALGUNS AFIRMAM QUE SE OS GUIAS DE UMBANDA FOSSEM DE FATO ESPÍRITOS DE CIGANOS NÃO FALARIAM ATRAVÉS DE MÉDIUNS NÃO CIGANOS OU, SE O FIZESSEM, FARIAM NO IDIOMA CIGANO. Os ciganos encarnados em nosso plano espiritual falam o idioma Romani que não é língua oficial em nenhum país e não possui escrita, sendo usado apenas como meio de comunicação oral. Outros milhões de ciganos falam diferentes dialetos e línguas dependendo de sua procedência geográfica. Esses são valores culturais de um povo. Os Guias de Umbanda não se pautam pela cultura de um povo e sim pela sua essência. Essa é opinião que se forma induzida pelos que, antes de buscar conhecimento adequado, distribui o fruto da própria arrogância. Acham-se sábios ao ponto de questionar o propósito da espiritualidade. Teoria infundada de presunçosos que transferem para os Guias e Mentores o peso da própria desinformação e preconceito. Os Ciganos da Umbanda falam em linguagem na qual podem ser entendidos. Que proveito teria se não se entendesse nada do que falam?

POR QUE TRABALHAR COM UMA LINHA COMPOSTA POR ESPÍRITOS EXCESSIVAMENTE APEGADOS AO OURO QUANDO ENCARNADOS? Ciganos não possuíam documentos nem endereço fixo, não tinham renda fixa ou comprovada, portanto estavam socialmente desassistidos. Não havia alternativa senão comprarem ouro, transformarem inclusive em dentes de ouro como forma de segurança financeira para si, para sua família e descendentes. Não era apego, era segurança.

POR QUE DIZEM QUE CIGANOS ROUBAM CRIANCINHAS? Antigamente se a mulher engravidava e não era casada, ou sendo casada não desejasse o filho, ela o abandonava ainda recém-nascido perto de acampamento dos ciganos, que nunca rejeitavam cuidar de um desamparado e findavam por criar o enjeitado. E se alguém perguntasse pelo filho desaparecido era sempre mais fácil dizer que os ciganos roubaram. Os ciganos não roubavam crianças, ao contrário, as criavam.

OS CIGANOS TRABALHAM COMO EXUS NA LINHA DE ESQUERDA? Não. Muitos confundem Exu Cigano e Pombogira Cigana com os trabalhadores da Linha de Cigano. Como Linha Auxiliar, eles somente trabalham a Esquerda nos caminhos de Exu. Mas não são Exus.

Linha Do Oriente

É VERDADE QUE A LINHA DO ORIENTE É UMA DAS MAIS ANTIGAS DA UMBANDA? Sim, é verdade. Essa é uma Linha específica de cura, muito antiga na Umbanda e regida pela delicada energia de Oxalá, o Orixá que inspira a fé e a espiritualidade.

O QUE FAZEM OS TRABALHADORES DESSA LINHA? Os trabalhadores que se manifestam nessa Linha fazem cirurgias espirituais, perispirituais, visitam o paciente no lugar onde ele estiver, fazem tratamentos e curas através de reiki, da imposição das mãos, cromoterapia, fluidoterapia, homeopatia, acupuntura, chás, florais. Há mentores de cura, mestres turcos, doutores chineses, médicos alemães, mongóis, egípcios, maias, em alguns Terreiros apresentam-se índios e xamãs.

É VERDADE QUE MUITOS PRETOS VELHOS TRABALHAM NA LINHA DO ORIENTE? É verdade. Por exemplo, Pai Jacó (ou Jacob) que entende a misteriosa Cabala Hebraica, e o Caboclo Pena de Pavão que trabalha utilizando-se das forças e conhecimentos indianos.

COMO É UMA GIRA DA LINHA DO ORIENTE? São organizadas em equipes de cirurgia, de oração, de proteção, de passes espirituais voltados para males do físico, da mente, doenças provenientes de processos cármicos e do espírito. Os trabalhadores da Linha do Oriente interagem com seus médiuns através de incorporação e também através da intuição. Nesse caso o médium psicografa as receitas do tratamento. São entidades espirituais muito calmas, falam pouco, e alguns nem falam, apenas deixam mensagens escritas.

É UM TRABALHO SEMELHANTE AO DAS OUTRAS LINHAS? Não, quando atuam esses trabalhadores nos Terreiros as Giras são bem diferentes. Não há utilização das ferramentas tradicionais como fumo, e os atabaques são batidos lenta e suavemente, haja vista que nada pode perturbar o silêncio necessário nessas Giras.

SÃO ESPÍRITOS QUE TIVERAM ENCARNAÇÃO FÍSICA NO ORIENTE? Novamente aqui não significa que todos os trabalhadores tenham tido encarnação física no Oriente no sentido geográfico, que abrange uma região enorme e com diferenças religiosas e culturais. Trata-se nesta Linha da vibração de cura de trabalhadores que, quando encarnados, professavam crenças não comuns no Ocidente como Hinduísmo, Xintoísmo e trazem seus conhecimentos de cura e conforto para a Umbanda, religião universalista que abraça todos os trabalhadores que queiram praticar a caridade, independente de sua origem.

COMO É A SAUDAÇÃO A ESSA LINHA E ONDE SÃO FEITAS AS OFERENDAS? A saudação para essa linha é *"Salve o Povo do Oriente!"* e também *"Salve o Povo da Cura!"*. As oferendas podem ser feitas em colinas descampadas ou praias desertas, e também podem ser oferendados nos santuários e gongás domésticos.

COMO SÃO AS GUIAS DE TRABALHO DA LINHA DO ORIENTE? As Guias costumam ter 108 contas sendo metade branca e outra metade amarela, mas não é regra.

QUAIS AS CORES E DIA DA SEMANA? As cores das velas são branca, rosa, amarela, alaranjada e azul clara. O dia da semana é quinta feira.

QUE TIPO DE MEDICINA É PRATICADA PELOS TRABALHADORES DA LINHA DO ORIENTE? Pode-se dizer que é praticada a medicina da alma. Entendem que as doenças são resultado do desequilíbrio e abuso com o próprio corpo. Ensinam que há enfermidades do espírito uma vez que há doentes, porém não há doenças. Inclusive a medicina tradicional já começa a compreender isso, atualmente fala-se de doenças psicossomáticas que são moléstias resultantes da mente enferma, como úlceras estomacais ou duodenais, ou ainda pressão alta como consequência de estresse e de conflitos, enfim, estados de tensão muito prolongados que originam lesões graves em vários órgãos.

COMO SE PODEM ENTENDER AS DOENÇAS CÁRMICAS? São doenças que se manifestam devido a débitos contraídos em vidas passadas como consequência de danos físicos cometido contra qualquer ser vivente ou a si mesmo. As enfermidades graves costumam exercer uma função de expiação na vida do espírito.

OS TRABALHADORES DESSA LINHA TRABALHAM EM BENEFÍCIO DE OUTROS ASPECTOS DA VIDA ALÉM DOS MALES FÍSICOS? Não. Trabalham em benefício somente da saúde, sendo o trabalho da Linha do Oriente, em alguns Terreiros, denominados "Gira da Saúde".

ELES CURAM ATRAVÉS DOS REMÉDIOS ALOPÁTICOS? Nenhum Guia de Umbanda prescreve medicamentos da medicina tradicional. Para isso temos os médicos.

MALANDROS

COMO É A UMBANDA DE ZÉ PELINTRA? É formada por uma linda falange de Malandros de Luz voltada para a prática da caridade, cujos trabalhadores ajudam aos que necessitam de auxílio espiritual e material, ensinando incansavelmente sobre o amor e a tolerância entre todos os irmãos do planeta Terra, aconselhando que o respeito ao ser humano é a base fundamental para o progresso individual e social.

LINHA DE MALANDRO É FORMADA POR VAGABUNDOS? É obrigatório que se entenda que não são malandros no sentido de vagabundos e velhacos que lançam mão de artimanhas para enganar. Zé Pelintra não é o malandro que abusa da confiança alheia para levar vantagem sobre alguém ou alguma situação. Ao contrário, rígidos demasiadamente com seus médiuns no que diz respeito ao caráter e honestidade em todos os sentidos, os espíritos de luz que vestem a roupagem fluídica de Zé Pelintra ensinam a importância de ser maleável para adaptar-se em diversas situações, especialmente naquelas em que não se é muito bom, de ter flexibilidade para encarar as coisas e assim sair de dificuldades.

O QUE ENSINAM OS MALANDROS? Ensinam a importância de olhar a vida com bom humor, com pensamento positivo, ensinam a não duvidar de que todos são capazes de transpor os maiores obstáculos e se renovar sempre.

POR QUE ALGUNS MÉDIUNS BEBEM E FUMAM MUITO QUANDO INCORPORADOS EM GUIAS DA LINHA DOS MALANDROS? É impensável que trabalhador da Linha dos Malandros, quando incorporado, use tóxico (cigarros e charutos são usados apenas como defumador astral), sirva-se de bebida alcoólica de forma exagerada, ofenda os assistidos e tente seduzir as mulheres. **O médium que assim procede causa desgosto a Entidade, desconhece a Umbanda e não tem respeito por si mesmo.**

COMO SÃO REPRESENTADOS OS TRABALHADORES DA LINHA DOS MALANDROS? Pode ser representado de três formas a considerar sua missão no astral. A primeira é como um malandro carioca do bairro da Lapa do Rio de Janeiro, quando Zé Pelintra usa a tradicional calça, paletó e sapatos brancos (ou brancos e vermelhos), gravata escarlate e chapéu branco com fita nas cores vermelha ou branca ou preta. A segunda é como Mestre da Jurema, e nesta forma de apresentação usa camisa comprida branca ou quadriculada com mangas dobradas, calça branca dobrada nas pernas, lenço no pescoço nas cores vermelha ou branca ou preta, traz na mão a bengala e o cachimbo e costuma estar com os pés descalços. A terceira forma de representação é na linhagem dos Baianos ou das Almas, onde utiliza roupas de algodão comumente usadas entre os escravos diferenciando-se apenas por lenço vermelho ou cachecol vermelho, e fita vermelha ou branca ou preta em seu chapéu de palha, bem como a bengala típica.

AS ENTIDADES SE VESTEM ASSIM COMO FOI DESCRITO NO MUNDO ESPIRITUAL? Evidentemente que não. São apenas representações e não a forma como se vestem ou se apresentam nos Terreiros. São simbolismos para o entendimento humano.

POR QUE HÁ MANEIRAS DIFERENTES DE APRESENTAÇÃO COMO AS QUE FORAM AQUI DESCRITAS? Porque apesar de trabalharem todos na falange de Zé Pelintra são espíritos de diferentes vibrações e variados conhecimentos. E também porque se adaptam a forma de trabalho do Terreiro.

QUAL A MISSÃO DE ZÉ PELINTRA DOS PORTOS E CABARÉS? É conhecido e respeitado por seus poderes em livrar seus filhos e fiéis de perseguições e traições.

QUAL A MISSÃO DE ZÉ PELINTRA DA BAHIA OU ZÉ PELINTRA DAS ALMAS? São antigos sacerdotes do Candomblé baiano ou das religiões dos escravos africanos, poderosos em desmanchar feitiços e mazelas de seus filhos e protegidos.

QUAL A MISSÃO DE MESTRE ZÉ PELINTRA OU PRETO JOSÉ PELINTRA? É assim conhecido no Catimbó ou Jurema, é erveiro capaz de receitar chás medicinais para a cura de qualquer mal, benzer e quebrar feitiços.

POR QUE ESSA ENTIDADE SE MANIFESTA EM PRATICAMENTE TODAS AS GIRAS? Seu Zé é a única Entidade da Umbanda que tem condições de transitar em todos os níveis vibratórios e em dois rituais diferentes e opostos como a **Linha das Almas**, onde trabalham Caboclos e Pretos Velhos, e a **Linha do Povo de Rua** que se destina a Exus e Pombogiras. Ou seja, Zé Pelintra trabalha em qualquer Gira, desde que seu trabalho seja realmente necessário.

HÁ VÁRIOS OUTROS TRABALHADORES ESPIRITUAIS NA LINHA DOS MALANDROS ALÉM DE ZÉ PELINTRA? Sim, há outros Malandros com nomes distintos, tais como Zé Pretinho, Zé da Navalha e inclusive há Malandras como Maria Navalha e Maria Preta.

COMO É A SAUDAÇÃO AOS MALANDROS? Saúda-se essa linha dizendo *"Salve os Malandros!"* ou *"Salve a Malandragem!"*.

QUAIS SÃO AS CORES E O DIA DE COMEMORAÇÃO? Suas Guias são branco e preto, branco e vermelho, vermelho e preto, e do mesmo modo as velas. O dia de comemoração aos Malandros é 12 de outubro, dia da semana de vibração é terça feira.

O QUE SE PEDE AOS TRABALHADORES DESSA LINHA? Pede-se aos Malandros a limpeza, purificação e abertura de caminhos.

QUAIS SÃO AS FLORES QUE SE PODE OFERECER E OS LOCAIS DE OFERENDA? As flores ofertadas aos Malandros são os Cravos vermelhos e também os brancos, as oferendas são feitas na subida de morros, encruzilhadas ou no local de seu campo de atuação.

QUAL ORIXÁ REGE A LINHA DOS MALANDROS? São regidos por Ogun e podem atuar sob a irradiação de outros Orixás.

POR QUE USAM FITAS NO LAÇO DOS CHAPÉUS DE CORES DIFERENTES? Os Malandros que se apresentam com fita vermelha no chapéu são trabalhadores da Linha das Almas, com fitas pretas são os da Linha das Estradas, e os que atuam na cura usam uma fita branca, que é símbolo do curador regido por Oxalá.

ZÉ PELINTRA SE VESTE DE FATO COM ROUPAS COMO AS DESCRITAS AQUI, COM BENGALA E CHAPÉU? Não. São formas de apresentação simbólica. Apenas elementos representativos da Linha dos Malandros com a finalidade de nos fazer entender e reconhecer suas características e missões espirituais.

ZÉ PELINTRA É EXU? Zé Pelintra não é Exu, mas trabalha junto dele assim como também trabalha junto com Boiadeiro,

Baiano, Preto Velho, Caboclo, enfim, onde precisar dele.

O QUE QUER DIZER ZÉ PELINTRA "VIRADO NA ESQUERDA"? Significa simplesmente que ele está trabalhando junto com Exus, Pombogiras e Exus Mirins.

TODOS OS TRABALHADORES DA LINHA DE MALANDRO FORAM MALANDROS EM VIDAS PASSADAS? Não. Os trabalhadores são agrupados a partir de suas afinidades vibratórias e evolutivas e de suas especialidades, ou seja, são reunidos em campos de atuação. Assim como em todas as demais Linhas, nem sempre o trabalhador espiritual desta Linha foi malandro carioca, Mestre da Jurema ou sacerdote do Candomblé, embora muitos se agrupem a partir de tais afinidades.

Elementais Ou Espíritos Da Natureza

O QUE SÃO ELEMENTAIS? São seres espirituais relacionados com os elementos da natureza e que colaboram na sua harmonização, sempre orientados por espíritos benfeitores.

ELES TÊM UMA FINALIDADE NA ORDENAÇÃO DE NOSSO MUNDO? São essenciais para a vida neste mundo, pois que é pela ação direta deles que chegam às mãos dos homens e mulheres as ervas, flores e frutos, oxigênio, água e tudo o mais que a ciência denomina como sendo forças ou produtos naturais.

POR QUE QUASE NUNCA SÃO VISTOS E MUITOS OS CONSIDERAM PERSONAGENS DE FÁBULAS INFAN-

TIS? De fato sua existência é percebida por alguns poucos, mas a grande maioria os ignora considerando serem apenas personagens de fábulas infantis. O ser quase nunca os vê ou percebe porque vivem nesse mundo como se estivessem em uma dimensão paralela. São invisíveis aos olhos humanos porque os sentidos subdesenvolvidos são incapazes de funcionar para além das limitações dos elementos mais densos. **Aliás, diga-se que são tantos os espíritos que estagiam nas mais variadas dimensões da natureza que o ser humano sequer imagina.**

TODOS OS ELEMENTAIS VIVEM JUNTOS NA NATUREZA? Eles se agrupam segundo suas afinidades e vivem em quatro elementos: as Ninfas no elemento água, os Silfos no elemento ar, os Elfos, Gnomos ou Duendes na terra, e as Salamandras no fogo. Os Gnomos cuidam das florestas, das matas, dos desertos, das regiões geladas, protegem os animais e produzem fenômenos naturais sob a supervisão de seres mais elevados. As Ondinas cuidam dos mares, das águas e fenômenos naturais ligados as águas. Os Silfos cuidam dos ventos e produzem furacões. As Salamandras cuidam de tudo que se relaciona com fenômenos naturais ligados ao fogo. **Cada espécie somente pode habitar e locomover-se no elemento ao qual pertence, e nenhum pode subsistir fora do elemento apropriado, porque o elemento está para o Elemental como o ar para o ser humano ou como a água para os peixes, e nenhum deles sobrevive em elemento pertencente à outra classe.**

OS MAÇONS ACREDITAM NOS ELEMENTAIS? Sim. Os Maçons chamam os Elementais de *"operários silenciosos"*, a Teosofia afirma que Elementais são seres de uma cepa de evolução paralela à humana, mas que atuam próximos em virtude de serem entes que cuidam da terra, água, fogo e ar.

O ESPIRITISMO ENSINA SOBRE OS ELEMENTAIS? Sim. Há vasta menção na literatura Espírita a esses espíritos que exercem ação nos fenômenos da Natureza.

OS ELEMENTAIS TAMBÉM SÃO ORIENTADOS E SUBORDINADOS AOS ORIXÁS? Tudo nas faixas vibratórias dos humanos e dos elementais está subordinado aos Orixás. Sereias são regidas por Yemanjá; as Ondinas, que são sereias mais velhas, são regidas por Nanã; as Ninfas são regidas por Oxum.

TODOS OS TERREIROS TRABALHAM COM ELEMENTAIS? Não. Alguns Terreiros trabalham com Ondinas, Ninfas e Sereias, mas são pouco solicitadas para trabalhos junto à natureza até porque nem todos conseguem compreende-las corretamente. É um mistério que precisa ser mais estudado e o conhecimento compartilhado.

ONDINAS, SEREIAS, GNOMOS E FADAS SÃO PERSONAGENS DE HISTÓRIAS INFANTIS. NÃO SERIAM APENAS FÁBULAS? Os nomes são apenas denominações do vocabulário humano. Em meio ao dia a dia atribulado e a correria diária espalham-se outros seres vivos que tem consciência, conhecimento, que raciocinam e que interpretam. O universo todo está repleto de vida e todos os seres colaboram para o equilíbrio do mundo. **O ser humano não crê que além dele existam outros seres vivendo nesse planeta ou em outra dimensão, porque é profundamente ignorante quanto aos "mistérios" da criação.** A maioria das lendas e estórias consideradas folclore encobre a realidade do mundo astral, com maior ou menor grau de fidelidade. São fatos que ficarão encobertos até que o ser humano esteja preparado para confrontar determinadas questões.

QUAIS AS TAREFAS OS ELEMENTAIS EXECUTAM? Inumeráveis. Protegem os vegetais, os animais, os homens, contribuem para tempestades, chuvas, maremotos, terremotos, interferem nos fenômenos "normais" da Natureza sob o comando dos Orixás que operam em nome do Criador. Deus *"não exerce ação direta sobre a matéria. Ele encontra agentes dedicados em todos os graus da escala dos mundos"* (O Livro dos Espíritos, questão 536).

EXISTE DIFERENÇA ENTRE ELEMENTAIS E ELEMENTARES? Sim, os Elementais são entidades espirituais relacionadas com os elementos da natureza, ou seja, trabalham em contato direto com a natureza através dos quatro elementos primordiais: ar, água, fogo e terra. Os Elementares são criações plasmadas de substâncias astrais pela força do pensamento, também chamada "formas-pensamento".

COMO INTERPRETAR OS NOMES DOS GUIAS

Para conhecer mais sobre a interpretação dos nomes sugerimos a leitura do livro "Descomplicando os Guias de Umbanda - Para Leigos"

OS NOMES DOS GUIAS DE UMBANDA SÃO SIMBÓLICOS OU SÃO NOMES REAIS? Na Umbanda as Linhas de Trabalhos espirituais são formadas por espíritos incorporantes que têm nomes simbólicos. Cada Linha, assim como cada Guia individualmente, está ligada a um ou mais Orixás, e através dos seus nomes simbólicos pode-se identificar sob a vibração de qual Orixá o Guia trabalha (o Guia também é regido por Orixá), sua missão junto ao médium, especialidades de sua Linha etc.

COMO EU POSSO ENTENDER A MISSÃO DE CADA ENTIDADE? Para entender a missão de cada Entidade é preciso conhecer os pontos de força dos Orixás, assim como seus campos de atuação no planeta e na vida de cada ser humano. *Para obter esse conhecimento de forma simples, sugerimos a leitura dos livros "Os Orixás na Umbanda" e "Descomplicando os Guias de Umbanda".*

É POSSÍVEL IDENTIFICAR A QUEM PERTENCE O PRINCÍPIO "ABRIR"? Toda Entidade que leva "Abrir" no nome atua sob a irradiação de Ogun, pois é o Orixá que "abre os caminhos". Assim, sendo Ogun o Orixá dos Caminhos, é também a origem da linhagem de Entidades que levam "Abre" (de abrir ou desatar) no nome.

NOS NOMES SIMBÓLICOS DAS POMBOGIRAS TAMBÉM ESTÃO CONTIDAS A IDENTIFICAÇÃO DE SUA SERVENTIA A UM DETERMINADO ORIXÁ? Sim, e também sua missão junto ao médium e as especialidades de sua Linha. Porém nem todos os nomes falados pelas trabalhadoras dessa indispensável Linha de Esquerda são conhecidos ou verdadeiros, porque é muito comum a Entidade não revelar seu nome por inteiro.

É POSSÍVEL IDENTIFICAR O ORIXÁ QUE REGEM OS CABOCLOS QUE LEVAM "SETE" NO NOME? O número **Sete** representa uma Entidade que trabalha nas sete Linhas de Umbanda, embora seja sempre associado a Oxalá. Por exemplo, **Pombogira Sete Rosas**, onde Rosas são de Oxóssi. Se disser que seu nome é **Sete Rosas Vermelhas ou Sete Rosas Pretas** entende-se que essa Entidade atua também nas vibrações de Ogun (Vermelha) ou de Omulu (Preta).

É PORQUE NEM SEMPRE O NOME COMPLETO É DITO PELA POMBOGIRA QUE SURGE UMA GRANDE QUANTIDADE DE NOMES COM MARIA PADILHA OU MARIA MULAMBO OU SETE SAIAS? Sim. Mas podem ser das Almas, das Matas, das Encruzilhadas, das Porteiras, das Pedreiras, etc. Da mesma forma como há Tranca Rua das Almas, da Encruzilhada, de Embaré, das Matas, e alguns dizem ser apenas **Tranca Rua**.

É TAMBÉM PORQUE OS NOMES DOS EXUS NÃO SÃO REVELADOS INTEIROS QUE EXISTEM TANTOS OS EXUS TRANCA RUA, VELUDO, TIRIRI? Sim, é por isso. **Exu Veludo** que pode ser da Meia Noite, Exu Veludo Cigano, Exu Veludo Sete Encruzilhadas, Exu Veludo Menino (Veludinho), Exu Veludo dos Sete Cruzeiros, Exu Veludo das Almas, Exu Veludo dos Infernos, Exu Veludo da Calunga, Exu Veludo da Praia, Exu Veludo do Oriente, Exu Veludo do Lixo. Porém muitos dão o nome de apenas Exu Veludo. É comum um Exu dizer que seu nome é **Exu Tiriri**, porém existem Tiriri das Encruzilhadas, das Matas, dos Infernos, Menino, da Calunga, das Almas, da Figueira, do Cruzeiro, da Meia Noite, Cigano e cada um desses tem serventia a Orixás distintos.

EXUS, POMBOGIRAS E MIRINS

Para conhecer mais sobre os Guias de Esquerda sugerimos a leitura do livro "Descomplicando os Guias de Umbanda - Para Leigos"

COMO EXPLICAR AS FORÇAS DE EXU E POMBOGIRA DE MANEIRA SIMPLES DE ENTENDER? Pombogira é o desejo, a expectativa de possuir ou alcançar algo. Exu é a vontade e força interior que impulsiona a realizar de modo a atingir os desejos. Colocado de outra forma, imagine uma tarde chuvosa e fria de domingo em que se está quentinho debaixo do cobertor em casa, assistindo um filme na televisão. De repente dá uma vontade enorme de comer maça, mas não tem a fruta em casa. Se não tiver a vontade firme de sair debaixo da aconchegante coberta, trocar de roupa, andar sob a chuva até o -

mercado para comprar a maça vai ficar o resto do dia desejando a fruta. Essa é a diferença entre desejo e vontade. Pombogira é o desejo de comprar um carro novo, Exu é a vontade que impulsiona a pessoa a trabalhar arduamente para comprá-lo. Um é o complemento do outro. Desejo sem a ação da vontade é inútil. A vontade não acontece se antes não existir o desejo.

SE POMBOGIRA REPRESENTA O DESEJO E EXU REPRESENTA A VONTADE, ENTÃO AMBOS DÃO AO SER HUMANO ESTÍMULOS DIFERENTES? Exatamente. O desejo vem antes da vontade porque ninguém luta pelo que não deseja. Por exemplo, ninguém luta para morar debaixo de uma ponte, mas milhões de pessoas lutam para ter a casa própria, primeiro se deseja nunca mais pagar aluguel e depois coloca a vontade para conseguir. Deste modo **Exu e Pombogira são duas forças que se complementam e impõem o equilíbrio aos seres humanos.**

QUAL É A FUNÇÃO DE EXU E POMBOGIRA? Estimular o ser humano. Estímulo é encorajamento, empurrão, Exu e Pombogira auxiliam as pessoas em suas lutas diárias.

É CORRETO PEDIR A POMBOGIRA E EXU QUE ME GUIE PELOS CAMINHOS CERTOS A FIM DE TER SUCESSOS EM MEUS INTENTOS? É correto. Porém é errado pedir que eles deem o objeto do desejo porque não estão à disposição para satisfazer caprichos e fantasias, e nem são responsáveis pelo sucesso alheio. São trabalhadores da Luz que nos amparam na luta pela vida. Os excessos que se assiste em algumas Casas de Umbanda, infelizmente, devem-se ao desequilíbrio gerado pela falta de estudo dos médiuns. São os que se pautam pela preguiça de aprender ou pela mentira de que o conhecimento atrapalha o Guia. Há também os que por conveniência afirmam que não precisam aprender nada porque o Guia sabe tudo.

NÃO ENTENDO QUANDO DIZEM QUE EXU, POMBOGIRA, EXU E POMBOGIRA MIRINS SÃO TRABALHADORES QUE AUXILIAM O SEU MÉDIUM EXTERIORIZANDO O QUE ESTÁ NO ÍNTIMO DE SUAS ALMAS. Por exemplo, da mesma forma que uma casa é a expressão de quem a habita e a conserva, as palavras e tudo o que vem do interior do ser humano é a exteriorização de sua alma, revelando seus instintos mais escondidos. Exu grosseiro, Pombogira escandalosa, Exu Mirim malcriado apenas demonstram a alma de seus médiuns.

Exu, O Senhor Do Livre Arbítrio

É VERDADE QUE EXU TRABALHA NA ESQUERDA PORQUE É ESPÍRITO SEM LUZ? Exus, Pombogiras e Exus Mirins são espíritos que trabalham na escuridão em benefício da Luz, e cujo trabalho é absolutamente indispensável aos seres. Muitos entendem erroneamente que Direita e Esquerda significam lados e que a Esquerda é a posição não merecedora de confiança ao contrário da Direita, lado considerado bom e correto.

POR QUE O LADO DIREITO É CONSIDERADO O BEM E O LADO ESQUERDO O MAL? Usamos as palavras direita e esquerda como polaridades que os Guias trabalham e não lados. As ações humanas, em sua grande maioria, são absolutamente maléficas e desprovidas de consideração e amor pelo próximo. Sabendo que nossos atos e pensamentos geram energia, e que essa energia é detectável inclusive por aparelhos e devidamente comprovada nos laboratórios, imagina-se a carga negativa agregada em torno do planeta. Esse fardo pesado tem de ser neutralizado, e quem o anula são os Guardiões e Guardiãs que militam no campo denso e negativo que chamamos "Esquerda". Uma de suas missões é "diluir" os fluidos espirituais corrosivos que nós mesmos criamos com pensamentos impróprios e atos nocivos. Daí entende-se que os Guardiões e Guardiãs não são negativos. Os Guias que denominamos de "Direita" são aqueles que nos orientam a uma transformação dando recursos, energias, intuição, mas não estão em nosso lado direito ao contrário do que pensam alguns.

ESQUERDA E DIREITA SE COMPLEMENTAM? Os Guias denominados de Esquerda trabalham com as energias que nós não sabemos administrar. Os da Direita nos incentivam a buscar a iluminação.

POR QUE EXUS E POMBOGIRAS FUMAM E BEBEM? Os trabalhadores da Linha de Esquerda utilizam o cigarro, charuto e cigarrilha como defumadores individuais porque esta é a real finalidade, utilizam a bebida para descarregar energias densas e, quando muito, bebem um **golinho** para limpar o campo energético do médium. Se o médium não teve orientação ou aprendeu por imitação dos irmãos mais velhos que Exus são pinguços, que as Pombogiras além de beber precisam fumar como convém a toda "mulher da vida", e que o Exu Mirim, tendo sido um "menino de rua" quando encarnado precisa ser desbocado, mal educado e "cheirador de cola", então há algo errado com esse médium.

AS PESSOAS TEM MEDO DA LINHA DE ESQUERDA PORQUE JÁ VIRAM MUITO EXU CACHACEIRO, POMBOGIRA LEVIANA E EXU MIRIM DELINQUENTE.

Isso existe tão somente no inconsciente do médium por falta do mínimo de esclarecimento. Ou então incorporação neste padrão baixo de vibração são os obsessores e zombeteiros usando o nome dos Guias da Linha de Esquerda para montar seu circo particular. E o pior é que tem gente que acredita. Em qualquer plano espiritual nos círculos próximos do nosso, assim como na sociedade humana no plano físico, os espíritos sempre se agrupam por afinidade, ou seja, se unem de acordo com seu nível vibracional.

EXUS E POMBOGIRAS DÃO ASSISTÊNCIA AOS ENCARNADOS EM SUAS NECESSIDADES MATERIAIS?

Exatamente. Por se tratar de Entidades que trabalham com energias compactas e carregadas, atuam nos Terreiros na assistência aos encarnados em suas necessidades materiais, nos assuntos urgentes que necessitam de solução imediata, cortam demandas, desfazem os trabalhos de obsessão estabelecidos pelos desencarnados que perseveram no mal, impedem a influência nociva dos que conseguem penetrar no íntimo das criaturas (daí o conselho do Mestre "Orai e Vigiai"), ajudam a limpar os ambientes retirando os "malfeitores" antes que consigam sugar a energia vital levando a pessoa à ruína física e mental.

O QUE É EXU GUARDIÃO? Todo médium da religião de Umbanda tem um Guardião de Esquerda que corresponde à vibração de seu Eledá (Coroa), ou seja, é aquele que tem grande evolução espiritual e recebe instruções diretas dos Orixás. Uma das funções do Exu Guardião é determinar quem irá cumprir ordens recebidas e de que forma serão executadas. Esse Exu guarda a vibração do Orixá, nunca encarnou e nem irá encarnar entre os seres humanos, quase nunca incorpora, é raro quando se manifesta através de um médium e quando o faz geralmente não revela seu nome, não conversa com os assistidos e jamais dá consulta. Apenas médiuns com missões de relevância ímpar tem um Exu Guardião como Guia Pessoal. Esse Exu não é bom e não é mau, é apenas justo e por isso é neutro. Ou é apenas neutro, por isso é justo. Ao Exu Guardião pede-se somente amparo, sustentação e proteção referente às coisas espirituais.

O QUE É EXU DE LEI OU EXU DE TRABALHO? Exus de Trabalho são os Exus que dão aconselhamento nos Terreiros, incorporam nos médiuns e desempenham importante papel junto deles, olhando com atenção os problemas dos assistidos. **São os Exus de Trabalho que se manifestam nos Terreiros porque seu campo vibracional ainda é próximo das vibrações do ser humano.** Eles fazem parte da segurança de um Terreiro. Todo médium pode ter mais de um Exu de Trabalho, e quando há vários, apenas um deles será o Exu de frente, identificado pelo seu médium porque será aquele que dará consultas e se colocará a serviço do Guia Chefe. Aos Exus de Trabalho o médium poderá pedir ajuda na solução de problemas seus e de outras pessoas, referentes a coisas do dia a dia.

O QUE SÃO KIUMBAS OU EXU PAGÃO? Erroneamente denominam os espíritos obsessores e moralmente atrasados de Exu. **Zombeteiros, mistificadores, obsessores ou perturbadores não se chamam Exus, chamam-se Kiumbas e muito frequentemente tentam mistificar, iludindo as pessoas de boa fé usando nomes dos verdadeiros trabalhadores da Linha de Esquerda.** São conhecidos também como "Rabo de Encruza" e muitos os chamam de Exu Pagão, **mas não são Exus**. Estes não fazem distinção entre o bom e o mau, entre o bem e o mal. Atrasados no entendimento espiritual, são eles que, se fazendo passar por Exu de Trabalho, aceitam praticar qualquer tipo de coisa em troca de "despacho" com sangue de animais, galinha preta na encruzilhada ou no cemitério e outras aberrações do tipo. Também são eles que "baixam" nos Terreiros e bebem até deixar o médium desfalecido. Com exagero para impressionar se arrastam no chão, fazem os dedos dos médiuns ficarem em posição de garras, são esses infelizes que falam palavras de baixo calão de modo a envergonhar quem os ouvem, outras vezes usam expressão pomposa e empolada para causar uma impressão psicológica em quem assiste.

O QUE SÃO EXUS DE CEMITÉRIO? São os Exus e Pombogiras que trabalham nos cemitério e são chamados "Povo da Calunga Pequena", que na Umbanda é outro nome que se dá para o campo santo ou cemitério. São trabalhadores de serventia de Omulu/Obaluaiê na Linha das Almas. Trabalham para cura e para manter um padrão vibracional de modo a afastar espíritos de pouca luz, ritual que na Umbanda é chamado de "Descarrego". Como em toda a Criação há ordem, o Povo da Calunga Pequena é comandado pelo Exu Caveira. Nesta Linha, além dos Exus e Pombogiras propriamente ditos, também é valoroso colaborador Zé Pelintra das Almas, originariamente trabalhador da Linha de Malandros.

O QUE SÃO EXUS DE ENCRUZILHADA? Há os Exus e Pombogiras que trabalham nas Encruzilhadas e estão quase sempre sob o comando de Ogun, Orixá quem rege os caminhos através dos quais todos devem passar. Além das encruzilhadas rege também as estradas, trilhas e passagens. É da responsabilidade desses Guias abrir e fechar os caminhos em todos os sentidos (amor, saúde, trabalho). Como exemplo de Exu desta Linha de Trabalho é Tranca Rua. Ao "**trancar**" ele fecha, paralisa, bloqueia a passagem. Por "**rua**" entende-se caminho no sentido de rumo, direção, destino. Tranca para auxiliar no progresso. Por exemplo, alguém que faz uso imoderado de drogas, dorme pouco preferindo se divertir durante toda a noite, Exu Tranca Rua lhe fecha os caminhos. Exu Mirim o conduz a situações em que o desfecho é a prisão em uma cadeia, ou outro tipo de clausura tal como uma doença grave. Ao trancar a rua oferece uma oportunidade de mudar de direção agindo com moderação e disciplina.

POR QUE A UMBANDA ESCOLHEU A ENCRUZILHADA COMO UM PONTO DE FORÇA? Porque encruzilhada é o ponto em que dois caminhos se encontram e o ser humano tem dois rumos a seguir, mas precisa escolher apenas um deles. É o momento de difícil decisão e grande solidão, pois escolha é desafio individual e intransferível. Ao perceber que as defesas materiais e espirituais estão ameaçadas, deve buscar proteção nos Exus da Encruzilhada.

O QUE SÃO EXUS DA ESTRADA OU DA RUA? Exus das Estradas são chamados "Povo da Rua" e trabalham sob a regência de Ogun. Muito perspicazes, não admitem que lhe faltem com a verdade porque conhecem a intenção de uma palavra, mesmo que não seja verbalizada e que exista somente em pensamento. Nesta Linha, além dos Exus e Pombogiras, também auxilia Zé Pelintra das Estradas que é trabalhador da Linha de Malandros.

EXUS DA SERVENTIA DE QUAIS ORIXÁS COSTUMAM DAR PASSES? De nenhum Orixá, porque Exus não dão passes.

SE EU SOUBER QUEM É MEU ORIXÁ POSSO, A PARTIR DAÍ, SABER O NOME DO MEU EXU? Não. É preciso que ele se identifique. Depois então seu nome pode ser interpretado.

É VERDADE QUE QUEM USA EXUS NOS TRABALHOS É A MAGIA NEGRA E O SATANISMO? Exus são Entidades trabalhadoras da religião de Umbanda, portanto não são usados. Magia Negra é ritual voltado para o mau, cuja finalidade é levar sofrimento aos inimigos, e Umbanda é religião cujos trabalhadores estão comprometidos com a Caridade. Satanismo é culto a Satanás que é figura inventada para manipular as pessoas de modo a desumanizá-las e assim impor autoridade através do medo. Perpetuar o terror e a desgraça é o que muitas religiões fizeram com mais empenho no decorrer dos séculos, e lamentavelmente com bastante sucesso. A Umbanda não ensina o medo que paralisa, e nem tem figuras medonhas que aterrorizam os umbandistas. As estátuas de Exu com chifres e pés de bicho e Pombogira com os seios à mostra, só servem aos comerciantes inescrupulosos que ganham a vida fabricando e vendendo aberrações.

POMBOGIRA

DIZEM QUE POMBOGIRA É "UM DIABO DO INFERNO". Pombogira é "vítima" de uma crença da existência do inferno, um lugar onde as almas pecadoras são enclausuradas após a morte, submetidas a penas eternas e governado por entidade imensamente maldosa. Contraditoriamente, Deus que está em todos os lugares por acaso não está nessa região infernal, mesmo sendo Ele onipresente. Nessa cultura religiosa encurralada entre o medo da danação eterna e o medo da opinião alheia, a distorção própria da alma humana torna-se fobia quando, além de diabo, Pombogira também é portadora de "defeito imperdoável" que é ser mulher.

O ESPÍRITO SE TORNA POMBOGIRA COMO RESGATE CÁRMICO POR TER SIDO PROSTITUTA? AFINAL, QUAL É A MISSÃO DE POMBOGIRA? Espécie de "coisa ruim fêmea" acredita-se que sua única missão espiritual é encontrar solução para os fracassos alheios, pensam que sua redenção é arrumar a vida amorosa dos outros e proporcionar ou interromper qualquer tipo de união sexual. É senso comum que Pombogira resgata os erros que cometeu por ter sido "mulher de vida fácil" servindo de para-choque para as frustrações de quem não impõe limite à baixa autoestima. Sem contar que grande parte dos que recorrem a "pombagira de mentirinha" estão longe de um código de ética que lhes impeça de desejar e fazer mal ao outro, bastando que não lhes atendam aos anseios mais infantis. Essa pombagira ordinária teria sido em vida uma mulher de baixos princípios morais, capaz de dominar os homens por suas proezas no coito, movida pelo poder do dinheiro e libertinagem, e depois que morreu virou "diabo prostituta". Assim é Pombogira para quase todos os que não conhecem a Umbanda e, infelizmente, para grande parte dos umbandistas. Se Exu é insultado por adeptos de outras religiões e ultrajado pelos próprios umbandistas que alimentam as distorções, como poderia ser melhor com Pombogira?

DIZEM QUE A PROVA DE QUE É OU FOI PROSTITUTA É QUE *"POMBOGIRA É MULHER DE SETE EXUS".*

Esse é um grosseiro erro de interpretação. Na verdade Pombogira é única no meio de uma hierarquia de sete Exus chefes de legião. Ela não é mulher **DE** sete Exus, e nem é Pombogira e mais sete Exus chefes de legião, **ELA É UMA ENTRE OS SETE**. São eles: **1.** Exu Sete Encruzilhadas da serventia de Oxalá, **2.** Exu Tranca Ruas da serventia de Ogun, **3.** Exu Marabô da serventia de Oxóssi, **4.** Exu Gira Mundo da serventia de Xangô, **5.** Exu Tiriri da serventia de Yori (Crianças), **6.** Exu Tata Caveira da serventia de Yorimá (Preto Velho), **7. Exu Pombogira da serventia de Yemanjá.**

POMBOGIRA É MULHER E EXU É HOMEM? Pombogira é uma força de vibração feminina, do mesmo modo como Exu vibra o poder masculino, mas não são vibrações de gênero físico. São como o yin e yang, dia e noite, par e ímpar, um não é capaz de criar sem o outro, assim são Exu e Pombogira. Homens, mulheres, tudo no universo tem um componente masculino e um feminino, nada nem ninguém é 100% masculino nem feminino. **Os espíritos que conosco se comunicam nos Terreiros viveram em nosso mundo de seres encarnados**, Pombogiras foram prostitutas, camponesas, amantes, esposas, freiras, mães, avós, exerceram profissões variadas e hoje, por afinidade fluídica, trabalham na Linha de Esquerda que é mais uma corrente de trabalho espiritual na Umbanda.

POR QUE POMBOGIRA BEBE MUITO E SE OFERECE AOS HOMENS DURANTE A GIRA? Não há nada nessas Entidades de Luz que justifiquem as incorporações onde médiuns bebem até "secar" a garrafa de espumante, e se insinuam para os homens da corrente e da assistência, quando não chegam ao ponto extremo de roçar no corpo do outro. Claramente é ação da vontade da médium (e do médium), encoberta sob a desculpa de que está "possuída" pelo espírito de uma prostituta. Ou então são kiumbas levando médiuns a atitudes tão baixas. Já foi dito que Exu trabalha com a vontade enquanto Pombogira atua no desejo do ser humano, inclusive os desejos internos que não se confessa a ninguém, a verdadeira face além das aparências. Pombogira trabalha as paixões humanas e tudo aquilo que arrebata a alma. Paixão é sentimento intenso que possui a capacidade de alterar o comportamento e o pensamento, não importa se é gostar ou detestar, é desejo sentido de maneira extrema por alguém ou por uma coisa, não importa se é prejudicial e se causa desespero.

POR QUE POMBOGIRA É MUITO PROCURADA PARA TRABALHAR OS DESEJOS DE ORDEM AMOROSA E SEXUAL? Por ser uma Entidade que lida as paixões humanas são, dentro dos Terreiros, muito procuradas para trabalhar os desejos de ordem amorosa e sexual, insistentemente perguntadas sobre traição de marido, de esposa, de amante, solicitadas para conseguir namorado, e deixa-se de lado uma ajuda inestimável que só Pombogira pode dar no sentido de auxiliar para não se cair na armadilha das ilusões, de superar as dores sem traumas severos.

A POMBOGIRA É EXU FÊMEA? Não, a Pombogira não é Exu fêmea assim como a mulher não é homem fê-

mea. Essa é linguagem machista da qual nem as valorosas Guardiãs escapam.

POMBOGIRA É ESPÍRITO DE PROSTITUTA? Há muitas pessoas que associam a Pombogira a prostitutas, às mulheres sedentas de sexo se expõem aos homens. As distorções provenientes da desinformação são próprias dos seres humanos que, mesmo não entendendo sobre o assunto, formam opiniões sem base concreta e distorcem a realidade. Essas nossas irmãs em Oxalá nada mais são do que espíritos desencarnados, do mesmo modo como nossos irmãos Exus, que viveram sobre a terra e hoje, por afinidade fluídica, formam mais uma corrente de trabalho da Umbanda. Foram mães, donas de casa, médicas, lavradoras, prostitutas, enfermeiras, enfim, tiveram profissões das mais diversas, pois que a profissão que um espírito exerceu quando encarnado não determina seu grau de evolução e comprometimento com a caridade. Trabalhar na Linha das Pombogiras exige muito preparo espiritual, discernimento e conhecimento da alta magia.

SE NÃO SÃO PROSTITUTAS POR QUE SE DIZ QUE POMBOGIRAS SÃO MULHERES DA VIDA? Na linguagem humana *"mulher da vida"* significa biscate, devassa, promíscua, meretriz, vadia, piranha, puta e outros adjetivos depreciativos. *"Homem da vida"* significa estadista, político, presidente, governador, chefe de estado, comandante, soberano, ou seja, uma pessoa que governa. Se nossa linguagem é tão injusta com as mulheres que são mães e filhas dos homens, por que seria diferente com uma trabalhadora do astral que carrega a vibração do "desejo". Só se pensa o desejo da forma sexual, mas desejo é muito mais que sexo. Pombogira é o desejo de caminhar para frente rumo às conquistas, de avançar a despeito dos tropeços, de prosseguir apesar das dificuldades. Anseios que não são próprios de um gênero, todos desejam, homens e mulheres, serem pessoas melhores, conhecer e usufruir coisas modernas, desenvolver suas habilidades, crescer espiritual e intelectualmente. Quem não deseja um bom emprego para ter e dar uma vida confortável aos que ama? Quem não deseja uma boa casa onde possa abrigar sua família em segurança? Quem não deseja reconhecimento profissional? São os desejos de Pombogira que nos leva para frente e para o alto. Mas o entendimento miúdo liga Pombogira ao desejo de sexo, e assim ficou como "mulher da vida".

É VERDADE QUE POMBOGIRA É O BRAÇO DIREITO DE EXU? Braço direito significa o principal colaborador e aquele que acata qualquer ordem. Pombogira não é subordinada a Exu para acatar suas ordens. São duas forças complementares, e nem Exu e nem Pombogira é mais importante para ter o outro a seu lado só para auxiliar.

DIZ-SE QUE POMBOGIRA É COMPANHEIRA DE EXU PORQUE SÃO CASADOS? Não há Exu casado nem amasiado, o mesmo para Pombogira. Não existe vínculo matrimonial na espiritualidade. Pombogira é companheira de Exu porque ambos atuam nos mesmos caminhos e trabalham nas mesmas questões, de forma complementar.

POR QUE EXU E POMBOGIRA SÃO REPRESENTADOS POR TRIDENTES? Na Umbanda considera-se que a haste do tridente, estando apoiada na terra, representa a ligação do ser humano com o plano material, e suas pontas voltadas para cima representam a ascensão humana por meio da experiência terrena, através dos três caminhos que todos percorrem, e que recebem as vibrações de Exu e Pombogira: 1) o caminho da esquerda onde a vontade individual é satisfeita, 2) o caminho da direita onde a vontade coletiva é satisfeita, 3) o caminho do meio onde há um equilíbrio entre a satisfação da vontade individual e coletiva.

POR QUE HÁ TRIDENTES REDONDOS E QUADRADOS? Porque Pombogira é representada pelo tridente redondo e Exu pelo tridente quadrado.

POMBOGIRA PODE AJUDAR EM QUESTÕES COMO TRAIÇÃO NO NAMORO OU CASAMENTO? Deslocar a força das Pombogiras para essa finalidade é falta de proveito. A essa Entidade de Luz deve ser solicitada ajuda em questões mais relevantes como saúde, problemas espirituais negativos, auxílio para os que sentem dor, inclusive física.

POR QUE OS MÉDIUNS DIZEM "MEU EXU", "MINHA POMBOGIRA"? SÃO PROPRIEDADES DELES? Quando dizem "meu" não quer dizer "de minha propriedade", mas com quem se tem comunhão, com quem se está envolvido ao ponto de compartilhar experiências. Dizem "meu" no sentido de "ser do meu relacionamento" e com quem se aprende.

Exu Mirim e Pombogira Mirim

EXU MIRIM E POMBOGIRA MIRIM SÃO CRIANÇAS? SÃO PEQUENAS PROSTITUTAS E TROMBADINHAS? Se para muitos leigos e inclusive alguns umbandistas Exu é um marginal e Pombogira prostituta, Exu Mirim não podia ser nada melhor. Dizem que foi, quando encarnado, uma criança delinquente, um trombadinha e por isso ao incorporar seu médium tem o hábito de insultar, fazer gestos indecentes, falar palavras de baixo calão. Mas Exu Mirim não é nada disso, são os médiuns que tendem a repetir o comportamento de seu Dirigente nas incorporações, e se ele acredita que essa Entidade é um "tinhoso infantil", se o Dirigente está convencido que Exu Mirim precisa ser obsceno, então aquele Terreiro terá uma falange inteira de "espírito de porco". Interessante que do mesmo modo como evocam Exu bêbado e Pombogira rameira, há médiuns que trabalham com os Mirins mesmo acreditando serem eles pivetes sem educação. E a pergunta que não encontra resposta é: **como podem incorporar e pedir ajuda a essas Entidades se acreditam que são espíritos tão atrasados?** Felizmente estão longe da verdade.

QUEM SÃO OS GUIAS QUE SE APRESENTAM COMO POMBOGIRA E EXU MIRINS? São trabalhadores que tem acesso a campos e energias que os outros Guias não têm. Todos os Terreiros que trabalham com eles conhecem sua força, respeitam essa Linha de Trabalho poderosa, e os médiuns e assistidos sentem os *"Exuzinhos"* tão queridos como todas as outras Entidades.

EXUS MIRINS SÃO COMO OS ERÊS? Ambos são espíritos que trazem em seu fundamento o mistério dos Orixás. Jamais se deve vê-los como criancinhas divertidas e espirituosas como os Erês.

BEBIDAS E OFERENDAS AOS EXUS E POMBOGIRAS

QUAIS AS BEBIDAS DE EXU? Exus utilizam bebidas com teor de álcool absoluto, ou seja, com álcool puro, sem adição de água, como o conhaque e a aguardente (a qual na Umbanda dá-se o nome de marafo), e as Pombogiras fazem uso de champanhe e anis, mas **não induzem jamais o médium ingerir a bebida porque eles apenas utilizam o conteúdo fluídico do líquido, deste modo a bebida pode ficar num copo e não precisa ser engolida.**

QUAIS AS OFERENDAS PARA EXU E POMBOGIRA E EM QUE LUGAR SÃO DADAS? As oferendas para Exu e Pombogiras são dadas nas encruzilhadas das matas e campos e podem ser frutas, incensos, ervas e bebidas, e esta última apenas para captar a energia dos elementos que as fabricaram. Quem vai à encruzilhada ou cemitério fazer entrega de sangue, carne, ossos, animais, não tem noção do que está fazendo nem da espécie de força maligna com a qual está se associando. E o mais grave é que, unidos pela intenção, a levará consigo para onde for inclusive para a casa onde vive com a família e filhos.

MEDIUNIDADE NA UMBANDA

Para conhecer mais sobre a Mediunidade na Umbanda sugerimos a leitura do livro "Mediunidade na Umbanda – Você é uma Antena"

QUAL É A DEFINIÇÃO DE MEDIUNIDADE? "Mediunidade, na essência, é afinidade, é sintonia, estabelecendo a possibilidade do intercâmbio espiritual entre as criaturas, que se identifiquem na mesma faixa de emoção e de pensamento." (Chico Xavier)

QUEM SÃO OS ESPÍRITOS TRABALHADORES NA UMBANDA? Os espíritos são seres humanos desencarnados e continuam sendo como eram quando encarnados, bons ou maus, sérios ou brincalhões, trabalhadores ou preguiçosos, cultos ou medíocres, verdadeiros ou mentirosos. Eles estão por toda parte e não estão ociosos, pelo contrário, eles têm as suas ocupações.

COMO OS GUIAS DE UMBANDA SE COMUNICAM COM OS SERES QUE ESTÃO LIMITADOS AO CORPO FÍSICO? Comunicam se quiserem ou se puderem através dos denominados médiuns. A comunicação se dá em conformidade com o tipo de mediunidade, sendo as mais conhecidas pela fala (psicofonia), pela escrita (psicografia), pela visão (vidência) e pela intuição, da qual todos guardam experiências pessoais.

É VERDADE QUE QUEM TEM MEDIUNIDADE PRECISA DESENVOLVER SENÃO VAI SER PERTURBADO POR ESPÍRITOS, OU QUE A VIDA NÃO VAI PRA FRENTE? Não é verdade. Do jeito como se coloca a questão parece que a pessoa não tem escolha e soa como ameaça. Outros ainda dizem que a mediunidade é como uma espécie de moeda a se pagar por dívidas contraídas no passado, como um carma ruim que o médium tem que resgatar. Mas a mediunidade não é um carma pesado imposto por um deus vingativo. Todos são livres para escolher se quer ou não desenvolver a mediunidade.

A MEDIUNIDADE É A CAPACIDADE DE COMUNICAR-SE COM O PLANO ESPIRITUAL? Sim, e não há nem mesmo um único ser humano encarnado que não seja capaz dessa interligação. Em todos os momentos da vida toda gente tem auxílio do plano espiritual, pode-se dizer que **é uma faculdade humana** da mesma forma que a memória, inteligência, etc.

TODOS SÃO MÉDIUNS DE UMA FORMA GERAL? Pode-se dizer que dizer que sim na medida em que todos estão em contato com os Espíritos e são por eles influenciados. Alguns consideram a mediunidade como uma espécie de "sexto *sentido*", ou seja, um sentido além dos cinco sentidos físicos.

A MEDIUNIDADE É UM PRIVILÉGIO? Não é um privilégio e sim dom inerente a todos os seres e cada um o manifesta em determinado grau, e cada criatura assimila as forças superiores ou inferiores com as quais sintoniza.

POSSO RECORRER A MEDIUNIDADE NA UMBANDA PARA RESOLVER MEUS PROBLEMAS? A mediunidade na Umbanda não é um balcão de atendimento ou um pronto socorro ao qual se recorre para resolver problemas, curar doenças, conseguir emprego ou trazer "o amor" de volta. Não serve como oráculo para dizer o que a pessoa deve fazer ou decidir, porque nem os Guias de Umbanda tem autorização do Criador para interferir no livre arbítrio do ser humano. Ninguém vai acertar os números da Mega Sena porque frequenta Terreiro, nem os Guias vão dar um jeito de enriquecer alguém não importa quantos "despachos" fizer ou quantas velas acender. Muitos que procuram um Terreiro para afastar "espírito" que não deixa a vida "ir pra frente", faria melhor se mudasse de atitude e começasse a pensar onde está errando e como corrigir. Desempregado terá mais êxito se, ao invés de ir ao Terreiro pedir para o Guia lhe arrumar emprego, matricular-se em curso de atualização ou aprender nova profissão.

A MEDIUNIDADE É CASTIGO? A mediunidade não é castigo, não é punição, não faz milagre. Os médiuns e seus Guias não são entidades com poderes especiais e com conhecimentos acima da maioria, porque tanto um como outro só conhece o que suas experiências e vivências lhes proporcionaram, e ambos só vão crescer mediante esforço pessoal, igual a todo mundo.

É CORRETO AFIRMAR QUE A MEDIUNIDADE NA UMBANDA É SINTONIA E TROCA DE EXPERIÊNCIA

ENTRE O MÉDIUM E SEUS GUIAS? Corretíssimo. A mediunidade na Umbanda é um aprender constante porque raramente há perda de consciência, sendo assim o médium sempre aprenderá e somará às suas as experiências envolvidas por todas as partes. A mediunidade na Umbanda é aperfeiçoamento diário dos valores e sentimentos, e é trabalho incessante porque não estando pronta e acabada necessita de estudo, aperfeiçoamento pelo tempo, pela honestidade e compromisso.

POR QUE SE DIZ QUE SOMOS ANTENAS? ISSO SÓ ACONTECE COM OS UMBANDISTAS? Todos são iguais à antena e não importa se é umbandista, católico, evangélico, mulçumano, judeu, se não tem nenhuma religião ou se simplesmente não acredita em nada. Somos antena destinada a receber e transmitir sinais que se irradiam pelo éter. Tudo ao redor está tomado por "ondas mentais" formadas a partir dos próprios pensamentos e do pensar de todos os seres encarnados e desencarnados. É igual aos sinais de rádio e televisão em que alguém transmite e alguém recebe.

TODAS AS PESSOAS SÃO COMO ANTENAS? Sim, não há exceção. **Todas** as pessoas são como antenas abertas que captam sinais vindos de **todas** as direções para o centro da antena onde está o "captador" que na Umbanda é chamado Orí, e é onde são concentrados todos os sinais, mesmo os mais fracos. O Orí, também chamado de Coroa, fica no topo da cabeça que é o ponto onde se recebe todas as irradiações provenientes dos mundos visíveis e invisíveis (espiritual) para o bem e para o mal. Algumas religiões denominam o Orí de "Sahasrara", que é o 7º Chakra chamado de Chakra da Coroa ou Coronário.

É VERDADE QUE CADA PESSOA É UM APARELHO DE TELEVISÃO E POSSUI MEIOS PRÓPRIOS PARA "PEGAR" UM CANAL EM PARTICULAR, FILTRANDO OU EXCLUINDO OS DEMAIS? É verdade. Se a pessoa sintonizar seu receptor numa faixa de frequência que quem está transmitindo é cheio de ódio, inveja, rancor, *é esse programa que vai passar em sua vida*. A pessoa começa a ficar com raiva de tudo, incomodada, não encontra sossego e como consequência as coisas em sua vida começam a dar errado. Ela vai ao Terreiro para *"abrir seus caminhos que estão fechados"*, mas não adianta.

O QUE É SINTONIA ENTRE AS MENTES? Vamos dar um exemplo: imagine um sujeito que bebe álcool ao ponto de cair pelas esquinas. Convide-o para ir a uma festa onde só será servido guaraná. Mesmo que ele aceite, vai se sentir deslocado. Agora o convide para ir jogar conversa fora no botequim. Na hora ele aceita porque estará junto daqueles que tem interesses semelhantes, encarnados e desencarnados. Comumente os espíritos que eram viciados no alcoolismo enquanto estavam encarnados, não conseguindo se livrar da dependência, ao desencarnarem transmitem sugestões mentais da bebida, e aquele cuja antena captar essa faixa de frequência vai ceder aos apelos para o viciado usufruir das emanações do álcool que ele, embriagando-se, libera.

COMO FUGIR DA ARMADILHA DE ESTAR SINTONIZADO COM MENTES QUE ME ABSORVAM AS FORÇAS E ME INDUZAM RUMO AO FUNDO DO POÇO? Escolhendo qual canal sua televisão vai sintonizar. A antena está aberta, mas isso não significa que a TV tem que sintonizar todos os canais. A prática da caridade rompe os sentimentos inferiores e o misericordioso será um transmissor de fraternidade, consequentemente entrará numa faixa de frequência do bem. Sentindo que sua televisão está recebendo sinais de inveja, ódio, vingança, imediatamente mude de canal, só você pode.

O QUE QUER DIZER COM "TODO MUNDO PODE ESCOLHER A SINTONIA DE SUA ANTENA E FILTRAR O PROGRAMA QUE VAI ASSISTIR"? Cada ser humano que vive, seja no corpo físico ou fora dele, recebe sinais que combinam com seu modo de ser, ou seja, assiste aos programas que sua antena interna captou. E retransmite inclusive programas gerados pelos seus pensamentos e vontade de acordo com o próprio modo de pensar e agir. Se cultivar maus pensamentos, más palavras e atitudes ruins certamente entrará em sintonia com frequência semelhante. Muitos reclamam que a vida está uma droga, que tem *"trabalho de macumba feito para as coisas não andarem"* e é bom que se esclareça que na imensa maioria das vezes não tem nada feito, é a própria pessoa causando a sua ruína com palavras irresponsáveis, pensamentos descuidados e atos inconsequentes.

O QUE SÃO OS SUGADORES DE ENERGIA? Cada um tem seus pensamentos, crenças e outras particularidades. Porém há um ponto em comum entre todos os seres que é seu componente energético e sua influência na natureza e em outros organismos da criação. Pensamentos emitem energias, a mente sintoniza e o espírito absorve energias do ambiente. Estamos imersos em um incalculável e profundíssimo oceano de vibrações e energias e nele transitamos, influenciamos e somos influenciados por ondas energéticas e vibratórias, das quais absorvemos "forças vivas" das mais diversas, e de forma automática. Quando as criaturas se aproximam são estabelecidas as mais diversas combinações energéticas, uns influenciando os outros. Sempre que há aproximação entre as pessoas ocorre uma mistura ou associação de "forças vivas". Isso quer dizer que as pessoas estão permanentemente trocando energia entre elas. Por exemplo, quase todos já tiveram a terrível experiência de, depois de ter se encontrado com determinada pessoa, sentir-se fraco, com mal estar, inexplicavelmente desanimado, tornando-se vítima da ação de sugador de energia, indivíduo que tem a lastimável capacidade de tornar o ambiente desagradável e subtrair as forças alheias. É preciso constante vigilância sobre os próprios pensamentos para evitar a sintonia mental e espiritual com seres desequilibrados.

COMO DESCOBRIR QUAL É A MINHA MISSÃO ESPIRITUAL NESSA VIDA? Preste atenção aos convites da espiritualidade e estude-se como ser humano, pergunte a si mesmo o que faz aqui nesse plano de existência. Todos somos espíritos encarnados com um carma a resgatar, com novos aprendizados a compreender diariamente. *"A maior missão na vida de todos os que aqui encarnam é aprender a usar o seu livre arbítrio"* (Zé Pelintra).

O Médium da Umbanda

QUAL A DEFINIÇÃO DE MÉDIUM? "Médium é toda pessoa que sente num grau qualquer a influência dos Espíritos. Essa faculdade é inerente ao ser humano e, por conseguinte, não constitui um privilégio exclusivo." (Allan Kardec, O Livro dos Médiuns, capítulo XIV).

O ESPÍRITO CONTINUA A EXISTIR APÓS A MORTE DO CORPO FÍSICO? Muitas religiões e filosofias espíritas e espiritualistas, dentre as quais a religião de Umbanda, afirmam que o espírito continua a existir mesmo depois da morte física, apenas os encarnados não podem mais vê-los com os olhos da matéria. Os que negam a existência de vida após a morte dizem que o que os olhos não veem não existe.

COMO O MÉDIUM PODE IMPEDIR QUE ESPÍRITO MENOS ESCLARECIDO FALE O QUE BEM QUISER? Entidades perversas e grosseiras raramente chegam a entrar no Terreiro porque há sustentação dos Exus no entorno, e é por isso também que não se aconselha o médium incorporar em outro local, considerando que kiumbas não são atraídos onde há um padrão vibratório digno. Guias de Umbanda jamais são inconsequentes seja no agir ou no falar, os médiuns são responsáveis por todas as comunicações porque tudo o que ele atrai é resultado de seu hábito mental, assim se o médium não distingue os seus pensamentos dos pensamentos de quem se comunica, além de faltar-lhe bom senso também precisa repensar sua conduta intelecto-moral.

QUE RESPONSABILIDADE TEM O MÉDIUM SE PRATICAR UM ATO SOB A INFLUÊNCIA DE ESPÍRITO? Responsabilidade total. Quando ouvimos dizer que alguém cometeu determinado ato porque estava sofrendo a atuação de espírito inferior, mesmo que seja verdade, não se isenta de forma alguma da responsabilidade integral por qualquer ato que venha a praticar, porque o espírito encontrou ali respaldo para suas atuações maléficas, encontrou sintonia.

E SE A PESSOA NEM MESMO PERCEBER QUE ESTÁ AGINDO SOB A INFLUÊNCIA DE ESPÍRITO INFERIOR? Aí a situação torna-se ainda mais dolorosa porque a sintonia é tão perfeita que ambos trocam mutuamente os sentimentos e energias, e suas intenções são tão iguais que a pessoa que está agindo sob a atuação de espírito inferior nem tenta se defender, ela não quer ser afastada do obsessor, um emaranhou-se no outro como o parasita e seu hospedeiro.

EU TENHO RECEIO DE SOFRER ATAQUES DE MAUS ESPÍRITOS SE FREQUENTAR A UMBANDA. Para que as influências, tanto negativa quanto positiva, atuem na vida é fundamental haver sintonia. Lembre-se que o corpo é seu, a mente é sua, portanto nenhuma força tomará conta de você se você não permitir ou sintonizar com ela.

QUAIS OS PERIGOS QUE SE SUJEITAM OS MÉDIUNS NO QUE DIZ RESPEITO A SUA MEDIUNIDADE? PRINCIPALMENTE OS QUE JÁ TRABALHAM NA UMBANDA HÁ MUITO TEMPO? O primeiro e mais penoso é a vaidade. Grande parte dos médiuns se acredita privilegiada porque possui mediunidade como se fosse mérito pessoal. Ser preguiçoso é outro, recusando-se aos convites de estudo e achando que o Guia sabe tudo e dele é toda a responsabilidade. Trabalhar mediunicamente em qualquer local e a qualquer hora, na sala da casa da vizinha, por exemplo, porque ela "está com um problemão e precisa falar com o Guia". Fazer trabalhos mediúnicos na própria residência ou na casa de quem se dispuser a emprestar um espaço é outro perigo, além de ser um abuso com a espiritualidade. Exceção nos casos em que o médium, não encontrando um Terreiro com o qual se identifique, sinta necessidade de pedir força aos seus Guias espirituais, o que deverá ser feito em dia e hora determinados. Cobrar dinheiro ou favores é um passo em direção a obsessores.

POR QUE OS GUIAS SE AFASTAM DOS MÉDIUNS? Por advertência quando o médium se esquece de que ele é um simples instrumento, e que sozinho, sem a cooperação de todas as Entidades, nada faria. Se o médium não corresponde moralmente ou se esquece dos ensinamentos fundamentais da religião, os Guias se afastam. Outra razão pode ser por bondade, quando o médium está debilitado por doença física, assim que recupera a saúde os Guias retornam e neste caso a interrupção não significa punição, pelo contrário, demonstra afeição e zelo do Guia para com o médium. Outra razão é a provação cujo objetivo não é punir, mas sim desenvolver a paciência, de modo a forçar o médium a meditar sobre as lições muitas vezes ensinadas através dele mesmo, quando o Guia utilizou seu corpo físico como veículo mas ele sequer ouviu. Todas as palavras, lições, instruções dos Guias tem a finalidade de instruir os filhos de fé, e se o médium é o meio pelo qual os Guias falam suas mensagens, dele é que se esperam maiores progressos.

É CORRETO O MÉDIUM TRABALHAR SOZINHO PORQUE CONSIDERA QUE NÃO PRECISA DE NINGUÉM?

Os médiuns não devem jamais se esquecer do espírito de fraternidade que norteia a Umbanda. Fraternidade é um termo oriundo do latim que significa "irmão", mas não Apenas consanguíneo como também irmão na Luz. A união de seres que possuem o mesmo objetivo e que juntos trabalham para o bem geral é um dos fundamentos da Umbanda.

OS MÉDIUNS SE RECORDAM DE TUDO O QUE OCORREU DURANTE A INCORPORAÇÃO?

Na mediunidade semiconsciente e inconsciente, ao findar a incorporação, geralmente o médium nada ou bem pouco se lembra do ocorrido ou da mensagem transmitida, porém não é regra e pode ser que se lembre de tudo. Geralmente fica uma sensação vaga, semelhante ao despertar de um sonho em que permanece uma impressão, mas que não se sabe afirmar com certeza do que se tratou. Na mediunidade consciente lembra-se de tudo.

O GUIA TOMA O CORPO DO MÉDIUM? Não. É como se o médium fosse o "café", o Guia fosse o "leite" e ambos misturados formam o "café com leite", uma terceira consciência.

É CERTO AFIRMAR QUE NENHUM GUIA OU ESPÍRITO SE APOSSA OU "ENTRA" NO CORPO DE UM ENCARNADO, MÉDIUM OU NÃO? Sim, é certo. A incorporação acontece mais em nível mental. Nos processos obsessivos causados por espíritos inferiores podem ocorrer transtornos psíquicos, e os que têm pouco conhecimento acham que um Espírito mau se apoderou do corpo do enfermo. Foi esse fenômeno que deu origem às práticas de exorcismo.

POR QUE É IMPORTANTE QUE O MÉDIUM ESTUDE PARA SER MAIS ÚTIL AO GUIA? SE O GUIA SABE TUDO POR QUE O MÉDIUM TAMBÉM PRECISA SABER?
O médium consciente e semiconsciente é um intérprete do pensamento do Guia, e o que ele fala é uma ideia que lhe foi sugerida. Cabe ao médium exprimi-la conforme sua capacidade própria de entendimento. A mediunidade será tanto mais proveitosa quanto maior forem os conhecimentos e cultura do médium, vocabulário, gestos, etc. Importantíssimo também são as qualidades morais do médium na medida em que seus atos, pensamentos e palavras aproximam Guias bons e sábios, considerando que o oposto também é realidade, aproximando espíritos

trevosos. Estudo constante e bom senso fazem a diferença para os que têm como finalidade servir a religião de Umbanda com equilíbrio e sem fantasia.

COMO É PARA O GUIA QUE SE SERVE DE MÉDIUM SEM CONHECIMENTO? Quando o Guia se serve de médiuns pouco esclarecidos é mais longo e penoso o seu trabalho, porque suas mensagens são incompletas e suas manifestações ineficientes. Imagine um médico obstetra (Guia) que vai fazer uma cirurgia e tem como auxiliar um enfermeiro (médium) que não conhece os instrumentos cirúrgicos. O médico pede um bisturi e ele não sabe qual é, pede uma pinça e ele não faz ideia de qual seja, o enfermeiro simplesmente não procurou aprender porque o médico sabe tudo. De que serve esse auxiliar?

O QUE É PRECISO PARA QUE O MÉDIUM TENHA UMA PERFEITA INCORPORAÇÃO? O principal é que tenha confiança em sua própria mediunidade, nos Guias que o assistem e no Terreiro que frequenta.

O MÉDIUM SABE DE ANTEMÃO A OPINIÃO DO GUIA SOBRE OS ASSUNTOS? Não. Só vai tendo consciência do que ele transmite à medida que os pensamentos do Guia vão passando pelo seu cérebro.

QUANDO O GUIA AUXILIA O MÉDIUM NO PROCESSO DE INCORPORAÇÃO? Quando a união entre médium e Guia está bastante fortalecida inclusive pela confiança. Frequentemente o Guia auxilia o médium imprimindo mais vigor à ação telepática através da imposição das mãos no cérebro material do médium, dando-lhe um sentimento maior de segurança.

DESENVOLVIMENTO

O QUE DEVE SABER UM MÉDIUM ANTES DE SE INICIAR NA UMBANDA? Antes de iniciar o desenvolvimento mediúnico na Umbanda é preciso que o filho de fé entenda que ele será mais um "prestador de serviço", planejado e orientado pelos Guias Espirituais, e acima de tudo deve estar disponível como **mais um** instrumento da Espiritualidade Maior, dedicando-se com humildade ao quinhão que lhe compete. Não há regra para o desenvolvimento mediúnico na Umbanda, cada Dirigente possui sua própria maneira de proceder, porém há três quesitos básicos que todos devem ter em mente.

QUAL É O PRIMEIRO QUESITO QUE TODA PESSOA QUE VAI SE INICIAR NA UMBANDA DEVE SABER? O primeiro e que vale para todos, é o iniciante conhecer o Terreiro e constatar a seriedade do seu Dirigente e o comprometimento do corpo mediúnico.

QUAL É O SEGUNDO QUESITO QUE TODA PESSOA QUE VAI SE INICIAR NA UMBANDA DEVE SABER? O segundo é ter afinidade com a Linha do Terreiro. Alguns mesclam princípios do catolicismo, outros do espiritismo, Candomblé, outros ainda preservam o culto iniciado pelos indígenas. Mas é importante entender que a Umbanda **apenas mistura certos conceitos das diversas religiões, porém não é nenhuma delas.**

QUAL É O TERCEIRO QUESITO QUE TODA PESSOA QUE VAI SE INICIAR NA UMBANDA DEVE SABER? para o desenvolvimento mediúnico são as Giras chamadas de Desenvolvimento, feitas em dias separados das Giras de Atendimento, aonde os médiuns vão, gradativamente, percebendo a proximidade de seus Guias, conhecendo as sensações no corpo e na mente. Após um tempo a ligação mediúnica vai se fortalecendo até tornar-se natural e fácil, quando então o médium estará pronto para o trabalho na Umbanda.

PODE-SE SER UMBANDISTA E SER CATÓLICO AO MESMO TEMPO? Provavelmente causaria certa confusão porque são religiões totalmente diferentes, a crença dos católicos não é a mesma dos umbandistas, a religião de Umbanda é bela, livre, adora a natureza, não angustia ninguém com ameaça de danação eterna, fala de amor sem culpa, portanto são religiões tão diferentes quanto o dia e a noite. Pensando nas religiões Católica e Protestante, ambas cristãs, mas que não tem nem a mesma Bíblia em comum imagina a confusão de se professar duas religiões.

HÁ UMBANDISTAS QUE SÃO INCLINADOS AOS RITUAIS DO CANDOMBLÉ PRINCIPALMENTE DEVIDO A SUA BELEZA. PODE-SE SER UMBANDISTA E CANDOMBLECISTA AO MESMO TEMPO? O Candomblé é, inegavelmente, a religião que mais valoriza a beleza dos elementos visuais e da estética no encanto das danças, na lindeza dos trajes, na imponência do "sagrado". Mas Candomblé e Umbanda são duas religiões profundamente diferentes em seus fundamentos. Na Umbanda quem dá consultas, passes e aconselhamentos são Entidades espirituais através de incorporação nos médiuns, e no Candomblé a consulta acontece apenas por meio do jogo de búzios através dos Babalorixás e Yalorixás (Pais e Mães do Santo, respectivamente). No Candomblé incorporam-se somente os Orixás e na Umbanda jamais se incorporam Orixás. No Candomblé os espíritos dos mortos, chamados Eguns, são prontamente repelidos e afastados, e na Umbanda são chamados Guias e são os Mentores Espirituais que representam a base da fé umbandista. No Candomblé há "obrigações" que são cerimônias internas e fundamentos completamente desconhecidos pelos umbandistas. São duas religiões distintas, e é inimaginável que em uma Casa de Candomblé se adote práticas da Umbanda. Infelizmente, o oposto não é verdadeiro.

PODE-SE SER UMBANDISTA E ESPÍRITA AO MESMO TEMPO? O mesmo raciocínio de que causaria profunda confusão vale para o espiritismo, que é uma ciência de observação e uma doutrina filosófica nascida na França, em Paris, quando em 18 de Abril de 1857 Allan Kardec publicou o "Livro dos Espíritos". A Umbanda nasceu em 16 de Novembro de 1908, quando o primeiro culto foi realizado na casa do médium Zélio de Moraes, em São Gonçalo, no Rio. Mais de 50 anos marcam o advento do Espiritismo do surgimento da Umbanda. Embora sejam duas religiões diferentes é aconselhável que os umbandistas estudem a doutrina espírita e as obras de Allan Kardec para entender as questões relacionadas às atividades de comunicação com o Mundo Espiritual, o desenvolvimento da mediunidade etc. Porém ambas são fundamentadas em crenças distintas.

O QUE O MÉDIUM PODE ESPERAR DURANTE AS GIRAS DE DESENVOLVIMENTO? No início, durante as Giras de Desenvolvimento, é comum o médium sentir a energia do Guia em seu corpo astral e ter uma espécie de "choque" que lhe sacode o corpo. **Saiba que é normal**, não significa que o *"Caboclo é forte demais"* (esse é argumento dos que se deixam levar pela vaidade).

Há quem, durante o desenvolvimento, sente arrepios devido à troca de energia entre ele (médium) e o Guia.

Há quem tem movimentos involuntários ou tremores que acontecem quando o Guia age nos centros de energia do médium, denominados chakras, com a finalidade de incorporar ou simplesmente habituá-lo às sensações para incorporações futuras.

Há médium que sente vontade de cantar, rir e chorar devido às descargas energéticas que são emanadas para reequilíbrio de seu emocional.

Há quem sente as pontas dos dedos formigarem, e essa ocorrência é simplesmente porque os médiuns concentram energia nas mãos, com o amadurecimento ele aprenderá, através da imposição das mãos, utilizar essa energia para realizar limpezas espirituais e doar para cura.

Os bocejos também são normais, significam que o médium está sendo preparado para entrar em condição de relaxamento, estado que antecede a incorporação.

Quando o médium está em processo de desenvolvimento é comum e normal sentir falta de ar, às vezes parece que está caindo num "poço". Tudo isso é frequente e tem explicação.

QUAL O PRAZO PARA UM MÉDIUM INICIANTE SE TORNAR UM MÉDIUM EM CONDIÇÕES DE PARTICIPAR ATIVAMENTE DAS GIRAS? Não há um prazo para terminar o desenvolvimento, é variável e na verdade nem importa porque o que vale não é a duração, mas a qualidade.

O MÉDIUM QUE AINDA ESTÁ EM DESENVOLVIMENTO PODE ATENDER AOS ASSISTIDOS? Não pode, mas infelizmente atendem. É muito arriscado para ambos que assim ocorra porque pode o assistido sair da Gira muito mais perturbado do que chegou. Deve-se ter em mente de que se trata de médium "em desenvolvimento", por isso com grande chance de interferências na comunicação do Guia, o que é perfeitamente normal nesta fase. Sabemos que as mensagens dos Guias quase sempre são tomadas como verdade principalmente pelos assistidos, e há risco especial quando os envolvidos são parentes ou conhecidos próximos, pois a interferência do médium é ainda maior devido às questões armazenadas em sua mente. O mais prudente, e que deveria ser norma em todos os Terreiros, é que o médium só trabalhasse incorporado nos dias de Gira aberta após o término de seu desenvolvimento.

É VERDADE QUE MÉDIUNS EM DESENVOLVIMENTO PODEM INCORPORAR O ESPÍRITO ERRADO?

Na verdade o médium não incorpora o espírito errado, o que ocorre é que devido à pressa e um sentimento de urgência que "tem que incorporar", o médium produz uma incorporação sem que ele esteja de fato sendo um instrumento mediúnico da ação espiritual. Nesse caso acontece o que se chama "animismo". Animismo não é mistificação, essa última é quando um médium aparenta estar incorporado induzindo os outros a crer em uma mentira, criando uma fraude consciente. Denomina-se animismo o fenômeno em que o médium revive suas próprias recordações de vidas passadas, e as expressa durante as consultas nas Giras. Por não haver ali um Guia que se comunique é um fenômeno injustamente mal visto.

PODE UM MÉDIUM INCORPORAR UM OBSESSOR SE FAZENDO PASSAR POR UM GUIA DE LUZ?

Se estiver despreparado, sim. O médium de Umbanda é fortemente pressionado em muitos Terreiros onde precisa incorporar um Guia que é obrigado a dar o nome, depois precisa riscar o Ponto, e muitas vezes sem ter tido nenhum tipo de orientação ou estudo. Com isso o médium abandona sua condição de passividade e passa a conduzir a incorporação ao invés de permitir que o Guia faça isso. Ele acredita estar incorporado com uma Entidade quando, na verdade, quem está presente é outra. O melhor que o médium iniciante tem a fazer é, durante o desenvolvimento, empenhar-se em apenas afinar sua percepção sobre seus Guias, procurar conhecê-los e nunca se colocar à frente deles. O médium de Umbanda deve se oferecer como instrumento da espiritualidade e não pretender que a espiritualidade se prontifique ao seu serviço.

COMO EXPLICA GUIAS QUE TRABALHAM COM UM MÉDIUM INCORPORAREM EM OUTROS? OS GUIAS PODEM ESTAR EM VÁRIOS LUGARES E VÁRIOS MÉDIUNS DIFERENTES AO MESMO TEMPO? É POSSÍVEL INCORPORAR EM VÁRIOS MÉDIUNS SIMULTANEAMENTE? É possível a Entidades que alcançaram alto grau de elevação se manifestar em pensamento em vários médiuns ao mesmo tempo, mas não é este o caso nos Terreiros de Umbanda. O nome que o Guia revela, sendo igual a outros que trabalham com outros médiuns, é na verdade o nome da falange de trabalho. Todos os trabalhadores pertencentes àquele grupo se manifestam com o mesmo nome quando estão em trabalhos nos Terreiros. Mas são Guias de individualidades distintas. Assim, Vó Maria Conga são vários espíritos da mesma falange, em vários lugares, utilizando o mesmo nome.

POR QUE UM GUIA IMITA OUTRO QUANDO INCORPORADO? Não são os Guias que imitam, mesmo porque cada espírito tem sua própria particularidade e personalidade. Igual ao ser humano encarnado eles também têm características que os tornam seres únicos. É o médium que devido a sua ansiedade e má preparação busca referência em outros médiuns mais antigos, e passam a imitá-los. O médium tem o dever de se preparar de modo a oferecer condições ideais para que seus Guias se manifestem segundo suas próprias naturezas.

COMO O MÉDIUM INICIANTE FAZ PARA SABER O NOME DAS ENTIDADES QUE VÃO TRABALHAR COM ELE?

Na hora certa as Entidades se apresentam. Ou podem dar intuição ao médium sobre seu nome. O certo é que o médium saberá no momento em que os Guias acharem apropriado. Os iniciantes não devem se preocupar com essa questão.

A MAIOR ANGÚSTIA DO MÉDIUM INICIANTE É SABER SE É ELE OU O GUIA QUEM ESTÁ FALANDO. O QUE FAZER?

Essa preocupação mostra que o médium é honesto consigo e com os outros, caso contrário não se perturbaria com essa dúvida. Na verdade é a principal questão que castiga nove em cada dez médiuns iniciantes e é causa de abandono da Umbanda. A interferência do médium quando ainda está conhecendo e se familiarizando com o processo de incorporação é grande. E é absolutamente normal que o médium interfira. Temos um indicativo da interferência quando o médium fica imóvel, não permitindo que o Guia se movimente nem saia do lugar. Também é influência do médium quando a Entidade incorporada não pronuncia nem mesmo uma palavra, porque o médium se cala. Por insegurança o médium interrompe a incorporação ou cai com frequência. Do mesmo modo se pode entender que é parte da imaginação do médium quando o "Guia" fala alto quase gritando, se move com exagero, usa linguagem ou sotaque que ninguém. Os tiques também são próprios do médium e não do Guia, assim como opiniões despropositadas e brincadeiras ácidas ou preconceituosas. Considere sempre que o discurso de um Guia de Luz tem sabedoria que normalmente difere da opinião dos encarnados, porque nunca tomam partido em nenhuma questão ou conflito de modo a não exacerbar os ânimos. Mesmo que seus médiuns estejam envolvidos em divergências eles nunca escolhem um lado, porque reconhecem que todos estão no caminho em busca do entendimento e necessitam de esclarecimento e ajuda.

ALCANÇAR UM DOMÍNIO ESPIRITUAL SIGNIFICA QUE O MÉDIUM ESTARÁ INCONSCIENTE DURANTE AS INCORPORAÇÕES? Não. Ser consciente ou inconsciente não é determinante para um médium desenvolver um bom trabalho espiritual. Não se pode jamais esquecer que em toda incorporação mediúnica há participação também do espírito encarnado. Domínio espiritual se alcança com esforço.

INCORPORAÇÃO NA UMBANDA

O ESPÍRITO ENTRA NUM CORPO COMO ENTRAMOS EM UMA CASA? Muito pelo contrário. Identifica-se com um Espírito encarnado, cujos defeitos e qualidades sejam os mesmos que os seus, a fim de obrar conjuntamente com ele. Mas, o encarnado é sempre quem atua, conforme quer, sobre a matéria de que se acha revestido. "Um Espírito não pode substituir-se ao que está encarnado, por isso que este terá que permanecer ligado ao seu corpo até ao termo fixado para sua existência material." (Kardec)

QUAIS OS TIPOS DE MEDIUNIDADE? Conforme o tipo de faculdade que possui o médium permanece com as percepções normais, e neste caso é denominado de **"médium consciente"**. Se seu estado de percepção for muito mais sensível, é chamado **"médium semiconsciente"**. Se adquirir uma forma semelhante ao sonambulismo, este será o **"médium inconsciente"**. Seja qual for a mediunidade é importante todo médium de Umbanda perceber a colossal responsabilidade que tem por tudo o que se fala e faz através dele. É de necessidade fundamental entender que o corpo mediúnico de **um Terreiro de Umbanda pode ser comparado a uma orquestra, onde todos os sons sempre são dos instrumentos: os médiuns são os instrumentos, os Guias são os sons.**

INCORPORAÇÃO CONSCIENTE

O QUE ACONTECE NA INCORPORAÇÃO CONSCIENTE? Na mediunidade consciente o médium recebe o pensamento do Guia e em seguida transmite a mensagem de seu modo particular, com suas palavras e capacidade de expressão. Por isso há tanta diferença de postura entre as Entidades, sendo algumas mais eruditas, outras menos instruídas, e a tendência é atribuir a simplicidade da manifestação ao Guia quando na verdade, quase sempre se trata da limitação cultural do médium. Porém, que fique claro, que isto em nada diminui o valor dos ensinamentos nem do trabalho espiritual do médium e do Guia. Com o tempo e principalmente com estudo, vai ficando cada vez mais fácil para o médium captar e entender as ideias recebidas através de sugestões mentais que recebe das Entidades, mas sempre será o médium que as interpreta e comunica com suas próprias palavras, adquirindo com o passar da fase de desenvolvimento inclusive a capacidade de expressar também os sentimentos da Entidade, com o mínimo de interferência pessoal. Através do estudo e da confiança para com o Guia chega-se a tal entendimento que poderá nem haver mais interferência.

UMA DÚVIDA QUE ANGUSTIA OS MÉDIUNS, PRINCIPALMENTE OS INICIANTES, É QUE PARECE QUE É ELE QUEM AGE E FALA E NÃO UMA ENTIDADE ALHEIA. Esse sentimento é normal porque o médium está começando a conhecer a transmissão do pensamento de modo ostensivo, tudo é novidade para ele. Como prova de que tal comunicação não é "pura imaginação", vemos médiuns dando mensagens que ultrapassam o seu entendimento ou concepção comum que tem da vida, ou falando sobre coisas pessoais com quem jamais viu e sobre fatos que não eram do seu conhecimento.

NA INCORPORAÇÃO CONSCIENTE O MÉDIUM SE AFASTA DO CORPO? Na incorporação consciente não se afasta, apenas sintoniza-se mentalmente com o Guia para receber telepaticamente a influência e transmiti-la, porém às sugestões mentais não são acrescidos sentimentos e sensações. Tem plena consciência do que está acontecendo, e se sabe que o médium está recebendo uma influência fora do comum quando o assunto tratado está fora das cogitações do médium ou mesmo contrária a seus pontos de vista. Ao finalizar a incorporação o médium lembra-se de tudo o que ocorreu, pois permaneceu com suas percepções normais.

INCORPORAÇÃO SEMICONSCIENTE

O QUE ACONTECE NA INCORPORAÇÃO SEMICONSCIENTE? Com o passar do tempo, e já familiarizado com a sintonia mental e a vibração energética dos seus Guias, o médium continua a receber telepaticamente as ideias e a transmiti-las, porém suas mentes estarão tão perfeitamente sintonizadas e ocasionando plena harmonia vibratória, que ambos estarão magnetizados como um imã. A força mental e vibratória do Guia atuando sobre o sistema nervoso do médium faz com que tenha pensamentos e sentimentos que ele entende inequivocamente não serem seus, tem ideias que vem de fora, sugestões mentais carregadas de sensações. O médium recebe as mensagens, interpreta-as e expressa com suas palavras. Terminada a Gira, muitas vezes o médium só lembra vagamente do que foi tratado.

NA INCORPORAÇÃO SEMICONSCIENTE O MÉDIUM SE AFASTA DO CORPO? Na incorporação semiconsciente o médium não se afasta do corpo, mas sintoniza mente-a-mente e se harmoniza com a vibração energética do Guia para receber telepaticamente a influência estranha, e posteriormente transmiti-la.

INCORPORAÇÃO INCONSCIENTE

O QUE ACONTECE NA INCORPORAÇÃO INCONSCIENTE? Na incorporação inconsciente efetua-se o "ajuste perispiritual" entre o médium e o Guia que transmite diretamente a mensagem, e o médium fala como em estado de sonambulismo. É importante entender que nenhum Guia "toma" o corpo do médium assumindo o lugar da sua alma, o que ocorre é que ambos se comunicam de perispírito a perispírito, ou seja, mente-a-mente, e esse estado na Umbanda chama "incorporação". Não raro os Guias incorporados expõem assuntos que transcendem os limites do conhecimento do médium.

NA INCORPORAÇÃO INCONSCIENTE O MÉDIUM SE AFASTA DO CORPO? Sim, o médium afasta-se do corpo ao qual, segundo os clarividentes, fica unido por um cordão fluídico e ele entra em estado de sonolência ou transe. Quando a mensagem é transmitida por essa forma de mediunidade de incorporação o médium estará totalmente ausente, porém esse tipo de mediunidade exige afinidade total do médium com o Guia, ambos devem vibrar na mesma sintonia. Embora inconsciente da mensagem, o médium muitas vezes permanece junto do Guia, auxiliando-o. Ou quando tem plena confiança no Espírito que se comunica, poderá afastar-se em outras atividades. Importante esclarecer que a incorporação é de responsabilidade do médium, e por isso se algo lhe acontecer ele poderá despertar automaticamente. O mesmo não acontecerá se, ao invés do Guia, estiver sob a influência de obsessor. Os trabalhadores espirituais de diversos Terreiros distintos têm explicado que, nas últimas décadas, não encarna médium totalmente inconsciente porque não é mais finalidade na Umbanda que assim seja.

NA MEDIUNIDADE INCONSCIENTE O MÉDIUM ESTÁ A MERCÊ DA VONTADE DO GUIA? PODE O GUIA FA-

ZER O QUE QUISER? Não, mesmo na incorporação inconsciente o médium é o responsável pela boa disciplina do desempenho mediúnico, porque somente com o seu consentimento o Guia poderá realizar algo. Mesmo estando em condições de passividade total, se o Guia comunicante quiser realizar algo que venha contra seus princípios, ele imediatamente tomará o controle do seu organismo, despertando.

INCORPORAÇÃO INCONSCIENTE É MELHOR QUE CONSCIENTE? OU AINDA, O MÉDIUM INCONSCIENTE É MAIS EVOLUÍDO QUE O CONSCIENTE? De forma nenhuma. Não existe incorporação melhor que outra. E o tipo de mediunidade não está relacionado com grau de evolução do médium nem é comprovação de força espiritual do Guia. Também pode ocorrer que, de acordo com o interesse dos Guias, apenas certas manifestações sejam conscientes no médium e outras não.

A MEDIUNIDADE INCONSCIENTE TRAZ SUPERIORIDADE MEDIÚNICA AO MÉDIUM? É GARANTIA DE QUALIDADE? Não. O que dá superioridade e garantia em qualquer tipo de mediunidade é a qualidade moral do médium, a responsabilidade e seriedade com que encara sua missão.

O QUE É PERISPÍRITO? Quando o Espírito está encarnado, o perispírito é o que serve como elo entre o Espírito e o corpo. Desencarnado, o perispírito faz o papel de corpo com o qual o Espírito se manifesta, é através do perispírito que o Espírito recebe as sensações do ambiente ou nele atua. Tem a mesma forma do corpo físico e é conhecido como "**arquivo da alma**", porque tudo que fazemos ao nosso corpo material também se manifesta no perispírito. Por exemplo, um fumante de longa data nesta encarnação sofrerá as consequências do fumo após a morte do corpo físico uma vez que não só os pulmões são lesados, mas também o perispírito. E essa lesão repercutirá em nova existência, por meio da reencarnação, uma vez que o perispírito serve de molde para a formação do corpo em vida futura, onde será possível que, reencarnado, o novo corpo desenvolva alguma doença pulmonar. Outro exemplo, um fumante inveterado sentirá falta da nicotina após o desligamento do corpo físico. Da mesma forma o alcoólatra.

POR QUE A MEDIUNIDADE INCONSCIENTE ERA MUITO MAIS COMUM NO INÍCIO DA UMBANDA HÁ CEM ANOS? Porque os primeiros trabalhadores espirituais da religião que nascia precisavam fazer coisas incomuns para serem acreditados. Eram constantemente incitados a andar sobre as brasas para provar que não se tratava de uma fraude, ou beber litros de cachaça sem deixar o médium bêbado. Mas esse tempo passou e hoje não é preciso provar nada porque há os que acreditam e para esses não há porque provar coisa alguma. E há os que não acreditam e para esses do mesmo modo não há porque provar coisa alguma, porque simplesmente não acreditam. Assim hoje em dia são raros os médiuns completamente inconscientes, porque seriam largamente prejudicados na medida em que não aproveitariam dos conselhos, lições e boas palavras dos Guias que com ele trabalham no campo fértil da caridade, que é o pilar da religião de Umbanda.

O MÉDIUM RECEBE AS PALAVRAS DOS GUIAS? Não, todo médium, inclusive o umbandista, não recebe palavras dos Guias, recebe pensamentos. Portanto não transmite palavras, transmite pensamentos.

POR QUE POR QUE É TÃO DISSEMINADO EM TERREIROS DE UMBANDA MÉDIUNS QUE RECEBEM GUIAS ESPIRITUAIS QUE FALAM EM LÍNGUAS INDECIFRÁVEIS OU EM DIALETOS OBSCUROS? Difícil explicar como o Guia transmite para os médiuns, em sua imensa maioria consciente, palavras que o próprio médium desconhece. Mais difícil ainda explicar como, desconhecendo, pode transmitir-lhes os pensamentos. Exemplar a prática já adotada em 1930 na União Espírita Trabalhadores de Jesus, quando médium começava a engrolar imediatamente se dizia ao espírito julgado presente *"Meu irmão, vós estais faltando com a caridade para conosco; ide ao espaço e aprendei a língua que falamos e depois podeis voltar"*.

ANIMISMO E MISTIFICAÇÃO

O QUE É ANIMISMO? A palavra "Animismo" vem do latim "Anima", que significa Alma. Animismo é a intervenção da própria personalidade do médium nas comunicações espíritas, é a própria alma do médium comportando-se como se fosse outra Entidade espiritual. O médium não está querendo enganar ninguém, acontece inconscientemente. Em vez de transmitir mensagens e ideias dos Guias transmite algo que estava adormecido em seu inconsciente. Considerando que todos reencarnaram inúmeras vezes e tiveram várias existências, e em cada uma dessas existências desenvolveram personalidades distintas e acumularam conhecimentos diferentes, cada ser humano é a soma de todas as suas vidas. Todas as pessoas neste plano evolutivo possuem informações que vão muito além de seu saber na vida atual, porque é soma da vivência e do aprendizado de cada uma das vidas passadas. Na manifestação anímica o médium pode expressar sabedoria que ele, na vida atual, não possui a nível consciente. Daí decorre, muitas vezes, que não há como saber se a comunicação é erudição do Guia, ou é a manifestação dos próprios conhecimentos do médium que se encontravam latentes no inconsciente.

ANIMISMO OCORRE COM MÉDIUNS EXPERIENTES?
Com médiuns experientes, na grande maioria das vezes, o que ocorre é um estado intermediário com maior ou menor participação da alma do médium em relação ao Guia que por ele se expressa. Assim sendo sempre haverá participação do médium. O animismo não é, portanto, defeito mediúnico e nem deve ser tratado como distúrbio ou desequilíbrio da mediunidade ou do médium. Na verdade, retirando o preconceito e o medo que esse tema causa nos umbandistas, o animismo deve ser considerado também parte do fenômeno mediúnico, já que *"O médium não é um telefone. Ele capta o fluxo mental da entidade e o*

transmite, utilizando-se de seus próprios recursos" (Richard Simonetti, "Mediunidade - Tudo o que você precisa saber").

A ATUAÇÃO ANÍMICA DO MÉDIUM ACONTECE DE FORMA CONSCIENTE OU INCONSCIENTE? Quase sempre inconsciente, de modo que o próprio médium dificilmente consegue perceber a sua própria interferência ou participação no fenômeno que manifesta, não consegue separar o que é seu do que é criação mental do comunicante, mesmo quando o fenômeno, em si, é consciente.

ANIMISMO É MISTIFICAÇÃO? Não. O termo "animismo" passou a ser usado de forma negativa e pejorativa, significando tudo aquilo que é produzido por um médium sem a contribuição ou participação de nenhuma Entidade ou Guia. É o pesadelo de grande parte médiuns, especialmente os iniciantes, porque costuma ser confundido com mistificação e fraude. Animismo não é mistificação e essa desorientação apenas causa angústia em quem está começando na religião de Umbanda.

O ANIMISMO É UM PROBLEMA PARA OS MÉDIUNS INICIANTES? O animismo faz parte de todo o processo de incorporação, e não há nenhum problema se na fase de desenvolvimento a comunicação for obra da alma do próprio médium, pois um dos objetivos do desenvolvimento é quebrar a timidez e o constrangimento. Aquele que está iniciando não deve se inquietar por medo de "falhar" nas incorporações ou de mistificar, o animismo costuma apresentar-se intenso em quase todos os principiantes e é absolutamente normal. Depois, com o passar do tempo, sua influência nas comunicações cai para níveis aceitáveis. **Por essa razão é que não julgamos apropriado médium em processo de desenvolvimento trabalhar nas Giras de Caridade (atendimento).**

EXISTEM CASOS EM QUE A INFLUÊNCIA DA ALMA DO MÉDIUM É TÃO ELEVADA QUE O TORNA IMPRODUTIVO? Sim, existe. E os Guias da Casa, juntamente com o Dirigente, fazem extensivo trabalho para equilibrá-lo. Com o tempo o médium aprende a transmitir com toda a fidelidade possível o pensamento do Guia, interferindo o mínimo no que ele tem a dizer. Por não haver incorporação sem participação anímica não é justo nem responsável, ao perceber o fenômeno do animismo, estigmatizar o médium como se ele fosse uma fraude. É necessário ajudá-lo a traduzir com palavras adequadas o pensamento que lhe está sendo transmitido pelas Entidades trabalhadoras na Umbanda.

COMO SE PODE DEFINIR UM BOM MÉDIUM? Essa resposta encontra-se muito objetivamente nos ensinamentos de Kardec: "Assim como o espírito manifestante precisa utilizar-se de certa parcela de energia que vai colher no médium para movimentar um objeto, também para uma comunicação inteligente ele precisa de um intermediário inteligente, ou seja, do espírito do próprio médium. (...) O bom médium, portanto, é aquele que transmite, tão fielmente quanto possível, o pensamento do comunicante, interferindo o mínimo que possa no que este tem a dizer. Reiteramos, portanto, que não há fenômeno mediúnico sem participação anímica. O cuidado que se torna necessário ter na dinâmica do fenômeno não é colocar o médium sob a suspeita de animismo, como se fosse um estigma, e sim, ajudá-lo a ser um instrumento fiel, traduzindo, em palavras adequadas, o pensamento que lhe está sendo transmitido sem palavras pelos espíritos comunicantes."

O QUE SIGNIFICA ENTRAR EM SINTONIA COM OS ESPÍRITOS? Sintonia significa entendimento, acordo mútuo, harmonia. Portanto duas almas sintonizadas estarão com as mentes perfeitamente entrosadas, havendo entre elas uma ponte magnética unindo-as profundamente. Estão "respirando" na mesma faixa, pensando e desejando na mesma frequência. Espiritualmente os iguais se atraem. Se o ser humano vai alimentando sentimentos inferiores, se concede licença para fazer certas maldades porque ninguém está vendo, como por exemplo, maltratar um animal, está alimentado sintonia com energia que lhe é compatível. Se não conseguir interromper essa sintonia atrairá para si categoria de espíritos que se sintonizam com tais sentimentos, e é quase certo que por eles será dominado. O oposto também é verdadeiro, ou seja, há sintonia com Espíritos de Luz, entidades benfazejas que enchem de bênçãos a vida da pessoa.

SE NA MEDIUNIDADE HÁ SEMPRE MAIOR OU MENOR PARTICIPAÇÃO DA ALMA DO MÉDIUM EM RELAÇÃO AO GUIA, COMO EXPLICAR A ENTIDADE

QUE NÃO FALA O IDIOMA PÁTRIO DO MÉDIUM? ACASO ESSE NÃO TEM ACESSO ÀS INFORMAÇÕES DE QUE DISPÕE O MÉDIUM? Essa é uma questão delicada, e pela lógica é improvável a veracidade de alguns que se expressam em línguas estranhas devido ao desconhecimento do idioma pátrio do médium, como é o caso de alguns Ciganos que só conhecem seu dialeto nativo, ou de Caboclos que apenas entendem língua indígena. Interessante é que, em todos os casos presenciados por esta autora os Guias entendiam, mas não falavam o português, explicando seus pensamentos por meio de gestos, expressões corporais e fisionômicas. Tal comportamento talvez ultrapasse a sensível fronteira do animismo, ou há motivo desconhecido da Entidade para agir assim.

O QUE É MISTIFICAÇÃO? Mistificar é fazer alguém crer em uma mentira ou em algo falso, abusando de sua boa fé. Mistificação na incorporação é a fraude consciente do médium que simula premeditadamente a falsa incorporação com intenção de enganar os outros. Médium mistificador, portanto, é aquele que **FINGE** estar em transe mediúnico ou recebendo comunicação de um Guia, quando na verdade está apenas inventando a mensagem para impressionar e tirar proveito das pessoas que estão à sua volta. Há também os espíritos mistificadores que são mentirosos, hipócritas e obsessores. Em Terreiro onde impera a verdadeira caridade e onde não há espaço para a vaidade eles não se manifestam, pois **não há mistificadores sem mistificados**.

COMO SABER QUANDO SE TRATA DE UMA MISTIFICAÇÃO? São várias situações em que o mistificador se incrimina, basta ficar atento. Inicia com a certeza de que os Guias de Umbanda jamais se ofendem ao ponto de humilhar ou ameaçar, e seria um contra senso se o fizessem porque eles mesmos aconselham os filhos de fé a serem mansos de espírito, porém nunca usam linguagem doce e suave para seduzir com o intuito de ludibriar. Infelizmente na maioria dos casos é o médium falando escondido atrás do nome do Guia, como a criança que fala escondida detrás da parede acreditando não ser reconhecida.

QUAIS AS PRECAUÇÕES QUE SE DEVE TER AO VISITAR UMA CASA DE UMBANDA PELA PRIMEIRA VEZ? A maioria das pessoas que procura os Terreiros está predisposta a aceitar tudo o que vem do mundo invisível sem questionamento. Quem já conhece o Terreiro e já comprovou a seriedade e o compromisso com a caridade dos que ali trabalham, não precisa ficar preocupado. *Mas ao visitar uma Casa de Umbanda pela primeira vez, assim como os demais templos e igrejas de qualquer vertente religiosa, convém receber todas as informações com prudência e discernimento, passar tudo o que foi visto e ouvido pelo crivo da razão e da lógica, perceber se as palavras são de bom senso.* E não se esquecer de que onde a Luz se propaga há que ter moral elevada. Essa é a receita para se evitar os médiuns e os espíritos trapaceiros e mistificadores.

O QUE É MÉDIUM MISTIFICADOR? É o médium que finge estar incorporado, e conscientemente simula sempre com intenção de enganar os outros. Não havendo incorporação de Guias, o médium apenas inventa a mensagem para impressionar ou agradar as pessoas que estão à sua volta. Ou às vezes para dizer coisas que não teria coragem de falar em seu nome, e usa desse subterfúgio para dar seus recados. Infelizmente a mistificação não é feita somente por médiuns, mas também por Dirigentes e nesse caso torna-se mentira ainda mais cafajeste.

O QUE ACONTECE NOS TERREIROS ONDE OS MÉDIUNS E ATÉ DIRIGENTES COMETEM ATOS DOS MAIS BAIXOS FAZENDO - OU PENSANDO QUE FAZEM - O MAL A OUTROS, PROCURANDO ATENDER SEUS DESEJOS DESQUALIFICADOS MORALMENTE? Nestes lugares, por afinidade vibratória, se ligam às criaturas do astral inferior que são quem praticamente dão as ordens a todos e a tudo o que lá se faz. Não raro é lugar onde reina o mexerico e a discórdia entre seus membros, onde a violência e vingança são o sinal dominante.

POR QUE AS ENTIDADES DE LUZ DEIXAM ESSAS COISAS ACONTECEREM EM TAIS TERREIROS? Os Guias de Luz empreendem grandes esforços a fim de mostrar o valor da verdadeira caridade, mas o livre arbítrio, que é o poder que cada ser humano tem de escolher suas ações e o caminho que quer seguir, sempre é respeitado. Persistindo no erro são deixados à própria sorte. Com o tempo, atolados no lodo astral ao qual se meteram por livre vontade, procuram os Terreiros que são conduzidos pelo amor a Deus e começarão dura caminhada rumo à cura de seus males espirituais e físicos. Não raro também procuram outras religiões e apontam a Umbanda como causa de seus desvios morais e deficiência de caráter.

CULPAR A RELIGIÃO E SEUS ABNEGADOS TRABALHADORES PELOS PRÓPRIOS ATOS DESPREZÍVEIS NÃO DEMONSTRA MESQUINHEZ? Cada um entende com a compreensão que lhe é própria moral, intelectual e espiritualmente.

OBSESSÃO, POSSESSÃO E VAMPIRISMO

O QUE É OBSESSÃO? É sentimento incontrolável que ultrapassa todos os limites, como um desejo excessivo e uma ideia fixa. Obsessão é a fixação em uma ideia que domina doentiamente a mente e o espírito de uma pessoa. A obsessão acontece dependendo de com quem ela se envolve, e de acordo com a sintonia mental. As imperfeições atraem espíritos com os idênticos vícios e falhas morais, ou como se costuma dizer, os iguais se atraem. As brechas psíquicas para as obsessões são abertas por cada um na medida em que o que prende um obsessor junto ao encarnado não são as afinidades fluídicas e sim morais.

O QUE É A OBSESSÃO SIMPLES? É quando um ou vários espíritos influenciam a mente da pessoa com suas ideias.

O QUE É A FASCINAÇÃO? É quando há uma ação constante e direta sobre o pensamento da pessoa por espíritos ardilosos que se dedicam a ganhar-lhe a confiança, ao mesmo tempo em que paralisam seu raciocínio até chegar ao ponto em que aceita tudo o que lhe é sugerido como se fossem verdades incontestáveis, mesmo sendo os mais completos absurdos. A subjugação é influência tão forte sobre a mente do obsidiado que este não mais raciocina nem age por si mesmo, tornando-se um fantoche do espírito ou dos espíritos que o influenciam.

HÁ QUANTOS TIPOS DE OBSESSÃO? Há 6 tipos: de desencarnado para encarnado, de encarnado para desencarnado, de encarnado para encarnado, de desencarnado para desencarnado, obsessões recíprocas e auto-obsessão.

O QUE É OBSESSÃO DE DESENCARNADO PARA ENCARNADO? É o domínio que alguns espíritos têm sobre uma pessoa encarnada e nunca é praticado senão por inferiores que procuram dominar o obsediado.

O QUE É OBSESSÃO DE ENCARNADO PARA DESENCARNADO? Dá-se, por exemplo, através da ligação anormal e obstinada à pessoa querida que já desencarnou, seja através de sentimento de revolta ou de perda, até se tornar obsessão. Consciência culpada, inveja, ódio, vingança também são as causas da terrível compulsão. *Note que há obsessão de encarnado para desencarnado.*

O QUE É OBSESSÃO DE ENCARNADO PARA ENCARNADO? Acontece domínio não só mental, mas muitas vezes físico por causa de ciúmes, paixão, e até do que o atormentador chama "amor", embora seja amor por si mesmo e nada mais. Ódio, orgulho ferido, inveja e outros sentimentos inferiores também são causa da obsessão entre encarnados.

O QUE É OBSESSÃO DE DESENCARNADO PARA DESENCARNADO? Há espírito que obsedia espírito numa prova incontestável de que os sentimentos não mudam com a morte do corpo físico. Amor ou ódio, simpatia ou aversão permanecem em qualquer dimensão em que se esteja.

O QUE SÃO OBSESSÕES RECÍPROCAS? Acontece quando uma individualidade dependente da outra, estejam na dimensão do espírito ou da matéria. Isso ocorre quando há ligação tão estreita que não se sabe "onde um termina e outro começa". Obsessor e obsidiado se nutrem das emanações um do outro de tal forma que é muitíssimo perigoso desligá-los rapidamente. Como exemplo de triste obsessão é o caso de um marido possessivo que vampiriza o corpo físico da esposa, ou o pensamento de uma namorada abandonada que vampiriza a ambos, ela própria e o infeliz ex-namorado. Ainda se pode citar como exemplo o alcoólatra incorrigível e seu "colega de copo", espírito também alcoólatra quando encarnado, ambos perturbados e com a preocupação constante de satisfazerem o seu vício. O desencarnado se "cola" ao perispírito do usuário (ou "copo vivo") para inalar, aspirar, sentir os efeitos da droga, e assim convivem em regime de escravidão mútua.

O QUE É AUTO-OBSESSÃO? Auto-obsessão é a mais difícil de ser admitida. Reconhecível quando a pessoa vive em função de si mesma, ou descuida totalmente da saúde ou se preocupa em excesso. Aquele que se imagina portador de doenças incuráveis percorrendo médico após médico, sem encontrar a cura para a doença que não tem é um auto-obsessor, do mesmo modo o infeliz que, não encontrando as respostas em si mesmo, busca nas religiões e não se adapta a nenhuma. A vítima de si própria padece de ciúme exagerado ou orgulho excessivo, sofre antecipadamente por situações que provavelmente jamais acontecerão. O opressor que se comporta de maneira tirânica para obter o poder completo também sofre de auto-obsessão.

O QUE É POSSESSÃO ESPIRITUAL? É quando acontece influência mental, invasão nos pensamentos, controle e até subjugação sobre uma pessoa.

O QUE É POSSESSÃO MENTAL? É quando se dá a posse dos pensamentos. Por exemplo, "José" nutre-se de ódio tão violento por "João" ao ponto de ficar transtornado, e diante do odiado "João" nem é mais "José" que age, ele está possuído, atraiu para si um espírito perverso que vibra no mesmo diapasão. Há tantas situações em que uma pessoa age com palavras agressivas e depois diz "nem sei como pude ter falado aquilo", ou em situações piores em que age com violência, agride, mata e nem se lembra do que fez e diz "parecia que não era eu".

COMO OS ESPÍRITOS TREVOSOS CONSEGUEM DOMINAR ASSIM? Pela cegueira que o ciúme, a revolta, o ódio e toda gama de sentimentos inferiores causa. Se uma pessoa tem o campo mental favorável e outra consciência toma posse, ela fica "cega de ódio". Entra em faixa negativa que funciona como "imã" para que outras inteligências sejam atraídas e a comande.

O QUE É POSSESSÃO FÍSICA? É quando "o indivíduo tem muitas vezes consciência de que o que faz é ridículo, mas é forçado a fazê-lo, tal como se um homem mais vigoroso do que ele o obrigasse a mover, contra a vontade, os braços, as pernas e a língua". *(Kardec)*

O QUE É VAMPIRISMO? É o ato de desencarnados prisioneiros dos desejos e caprichos humanos, dos recursos materiais e de seus pensamentos inferiores, dos quais extraem a essência vital.

O QUE É VAMPIRO OU SUGADOR DE ENERGIA? O vampiro é aquele que suga a energia de alguém ou alguma coisa. Por exemplo, um fumante quase sempre tem a companhia de um espírito viciado que recolhe o fluido emitido pelo cigarro, e o mesmo se dá com o álcool, com sexo lascivo e até com a alimentação. Muitos já vivenciaram a sensação de não sentir fome, mas necessidade de comer, que muitas vezes pode ser descrita como uma fome emocional originada de ansiedade, estresse e depressão, mas há também a fome espiritual, impulso que se dá às vezes em razão da ação dos tais vampiros que vêm se alimentar dos fluidos do alimento. Todo tipo de vício que o ser humano adquire tem um viciado correspondente na espiritualidade que pode ser nominado, para efeito de entendimento, de *"vampiro"*. No livro espírita "Sexo e Destino" André Luiz relata um caso em que a pessoa não está bebendo, mas ela tem o campo mental favorável, ela vibra na mesma sintonia e não demora está sendo influenciada para beber.

COMO EVITAR SER VAMPIRIZADO POR TAIS CRIATURAS? Entendendo que tudo em excesso faz mal, tudo o que é demais, sobra. Fumo, drogas, bebidas alcoólicas, comida com exagero, tudo isso atrai para perto os desencarnados que ainda estão ligados a tais coisas, e tudo farão para desfrutar através dos encarnados os vícios que ainda não superaram.

TAMBÉM HÁ OS QUE VAMPIRIZAM AS ENERGIAS ALHEIAS E ESTÃO ENCARNADOS? Sim, e com os quais se convive diariamente nas casas, fábricas, escritórios, lojas. Podem ser irmãos, maridos e esposas, amigos, chefes, colegas de trabalhos, vizinhos, enfim, qualquer um do convívio.

O QUE É ENERGIA VITAL? É a energia que circula pelo corpo humano e está em tudo: na natureza, nos alimentos, nos líquidos que bebemos, é absorvida através do ar que respiramos. Como o nome diz, a energia vital é mais importante e que é necessária para a manutenção da vida porque a afeta de maneira essencial.

ONDE SE ENCONTRA A ENERGIA VITAL E COMO SE PODE RESTABELECER? A energia vital é abundante no universo, pode-se recompô-la através da respiração, alimentação adequada, absorção do fluido cósmico universal ou vital através dos chackras.

POR QUE ALGUMAS PESSOAS VAMPIRIZAM AS ENERGIAS ALHEIAS? Porque não conseguem receber nem recompor. Atuam sem consciência do que fazem, e por serem incapazes de absorver as energias das fontes naturais estão constantemente desequilibrados energeticamente. Como são indispensáveis para nutrir o corpo físico e, principalmente, o corpo espiritual, buscam as fontes mais próximas que normalmente são as pessoas de convívio diário.

É VERDADE QUE TODOS OS SERES QUE DISPÕE DE INDIVIDUALIDADE EM ALGUM MOMENTO DA VIDA VAMPIRIZAM A ENERGIA ALHEIA? Sim, por exemplo, nas situações em que os pensamentos ficam desordenados ou os sentimentos inadequados, e as coisas se desorganizam. *A maioria não dá importância ou nem desconfia que o modo de vida, a qualidade dos pensamentos, sentimentos e sensações são de inteira importância para repor naturalmente a carga energética vital em quantidade suficiente para manter a vida.* E deve-se estar ciente de que o sugador sempre se aproxima de pessoas que têm boa carga de energia vital.

O QUE É SIMBIOSE ENERGÉTICA? Independente da intenção ou do que se esteja pensando, querendo, desejando, sempre que uma pessoa se aproxima de outra ocorre à troca de energia, chamada simbiose energética. A proximidade com parentes, amigos, amantes, desafetos, transeuntes desconhecidos, cada um emanando sentimentos nem sempre positivos de paz, gratidão, bondade, sendo o mais comum, devido à baixa evolução dos que habitam essa dimensão espiritual, pensamentos e sentimentos negativos como ódio, mágoa, egoísmo, inveja, vaidade, orgulho, ganância e cobiça, assim como os desvios sexuais que se expressam em exageros, agressividade e desamor causam enormes desequilíbrios. Todas as emanações energéticas se misturam e se combinam e há troca permanente de vibração. Nesse emaranhado sempre haverá os mais voltados para si mesmo (a principal característica do sugador é o egocentrismo) e, não tendo nenhuma energia para trocar, **ao vampiro só resta sugar**.

É VERDADE QUE A MAIORIA DOS SUGADORES O FAZ COM PESSOAS AS QUAIS TEM ALGUM LAÇO AFETIVO? Sim, porque através da amizade, do romance ou de um simples coleguismo profissional doa-se mais energia do que para um completo desconhecido, e o vampiro se aproveita disso. Mas só existe sugador porque existem os que se dispõem a serem sugado ou por pena ou por não terem ainda compreendido. O melhor conselho para quem encontrar com um sugador de energias é livrar-se dele o mais rápido possível.

COMO IDENTIFICAR UM SUGADOR DE ENERGIA? O que se derrete em elogios para lustrar o ego alheio, bajula excessivamente, procura seduzir com palavras escolhidas que claramente não saíram do coração, está com certeza sugando a energia. É preciso não deixar o orgulho cegar e cair fora. Aquele que conta suas mazelas, narra as infelicidades e tragédias com detalhes, tudo faz de modo a despertar no ouvinte a compaixão, fala esperando que o outro se apiede de suas desgraças está na verdade esvaziando a energia vital do interlocutor. É preciso dizer a esse "desfavorecido" que se queixar de nada resolve, e que melhor faria se procurasse achar solução para seus problemas. Falando assim causará no "pobre coitado" um abalo inesperado de modo a interromper a subtração das energias. E caia fora. Se ao encontrar com um conhecido este logo começa a cobrar a visita que não fez, o telefonema que não recebeu, é certo que antes de se despedirem o que está sendo intimado estará com as reservas de energia bem baixas. A melhor atitude é argumentar que se não visitou também não foi visitado, se não telefonou, tampouco ele. E cair fora. O colega de trabalho que critica tudo e todos, nada nunca é bom o suficiente, maldiz a vida e calunia os colegas é um sumidouro de reserva energética. Não se pode jamais concordar com ele, e o melhor a fazer é cair fora. O sujeito que reclama do sol e da chuva, do dia e da noite, a tudo se coloca de modo a formar obstáculo, reclama supostos direitos e a qualquer coisa expressa oposição, deve ser deixado falando consigo mesmo. Aquele que fala durante horas, que conta histórias intermináveis, cheias de detalhes e minúcias de modo a cansar pela insistência está na verdade levando aquele com quem interage à perda da estabilidade e da firmeza. Não se deve demorar em sua companhia. Quem acha que nada se resolve com diálogo, que *"dá um boi pra não entrar em uma briga, mas uma boiada pra não sair"*, de fala áspera e agressiva, sempre raivoso, provocativo, dono total da razão até em assuntos dos quais nunca ouviu falar, busca fazer a pessoa com quem fala se descontrolar e cair na armadilha de discutir com ele. Esse é um vampiro sugador de energia e o melhor a fazer é manter a calma e ficar o menor tempo possível em sua presença. O eternamente preocupado acerca de seu próprio estado de saúde - embora não haja razão genuína para isso - portador de todas as doenças já diagnosticadas e novas, age assim para chamar atenção. Contando minuciosamente os pormenores do padecimento desperta cuidado e deixa inquietos os que com ele conversa. Enquanto o ingênuo estremece com os detalhes da moléstia o sugador lhe esgota as energias. É preciso interromper educadamente a lamentação interminável e cair fora.

É VERDADE QUE AS COMPANHIAS ESPIRITUAIS QUE NOS CERCAM SERÃO DE ACORDO COM AS NOSSAS AÇÕES E PENSAMENTOS? Sim. Os perversos só estão onde podem satisfazer sua crueldade, independente de estarem ou não encarnados. Não é suficiente ir ao Terreiro e achar que os Guias de Luz vão levar um atormentador para longe e tudo estará resolvido, porque será uma solução temporária na medida em que um vai e outro logo vem. É preciso eliminar em si aquilo que os aproxima.

COMO SÃO ATRAÍDOS OS ESPÍRITOS ATRASADOS? Como moscas atraídas pelo mau cheiro que exala das feridas os espíritos impiedosos são seduzidos pelas chagas da alma.

O QUE É PROVA E EXPIAÇÃO DE UM ESPÍRITO? O planeta Terra é mundo de prova e expiação, cuja diferença é que prova é o resgate escolhido por cada um quando está consciente de seus débitos e necessidades, mas a coisa se complica com aqueles que vivem em expiação, que é o resgate imposto pela Justiça Divina a espíritos que insistem teimosamente no erro.

MUITOS NÃO CONCORDAM QUE ESTE SEJA UM MUNDO DE PROVA E EXPIAÇÃO, DIZEM QUE PENSAR ASSIM É PESSIMISMO. Aos que discordam que vivemos em mundo-escola convido a pensar nos horrores próprios da esfera em que moramos sem opção de escolha, tais como o terrorismo, holocausto, genocídio, estupro. Reflita sobre os horrores das guerras, a extinção forçada dos pobres animais, racismo, homofobia, humilhação, tortura. Avalie a sede e a fome que devastam vidas em mundo onde metade está faminta e a outra metade obesa. Medite sobre a inclemência da natureza e os trabalhos penosos, quando não literalmente escravos. Neste mundo há os que incendeiam vivos índios, moradores de rua, cães e gatos. Considere a perversidade dos homens demonstrada na inquisição da Igreja Católica, nos campos de concentração de Hitler, nos massacres de Osama Bin Laden, Mao Tsétung, Saddam Hussein, George Bush, Lênin, Stálin, nos terroristas do Estado Islâmico. São provas incontestáveis de que nem todos os seres humanos são dotados de humanidade.

COMO DEVE PROCEDER AQUELE QUE DESEJA MODIFICAR SUAS COMPANHIAS ESPIRITUAIS? Deve primeiro modificar-se. É preciso entender que pensamentos emitidos é convite claro para os que pensam de maneira semelhante se aproximar. **A chave do bem viver é cuidar da frequência vibratória que sintoniza.** Cada gesto indigno, cada ação desonrosa, cada pensamento degradante, cada palavra mentirosa vai ligando a pessoa aos espíritos infelizes.

COMO IDENTIFICAR OS QUE ESTÃO EM EXPIAÇÃO?
Os que estão em expiação geralmente aceitam mal as situações difíceis que se apresentam, mostrando a todo o momento sua revolta. Atravessam a existência a reclamar do peso de sua cruz.

MISÉRIA MATERIAL É UMA EXPIAÇÃO? A miséria não é necessariamente uma expiação, podendo ser uma opção do espírito que julga importante a pobreza material para uma provação, entendendo que será útil ao seu progresso. Por outro lado é necessário observar que pessoas com alto padrão de vida podem estar amargando pesada expiação, porque ao contrário do senso comum, posição social não determina a natureza das experiências vividas pelo espírito. A pessoa rica financeiramente pode estar em processo de desolada purgação como consequência, e o desfavorecido de posses pode ser feliz com o que tem e é. Porém, o livre arbítrio é fator preponderante na vida de todo ser humano, e aquele que faz planos de quitar as dívidas nessa esfera espiritual pode viver com tolerância as provações se conseguir despertar do sono profundo que vive, lembrando-se de si mesmo e desapegando das coisas materiais que o fascina.

COMO IDENTIFICAR OS QUE ESTÃO EM PROVAÇÃO?
Os que estão em provação aceitam melhor as adversidades porque as dificuldades foram idealizadas por eles, desta forma tendem a aceitar com mais equilíbrio e sem revolta. Como um aluno que se submete a exame, tenta fazer o melhor, habilitando-se a estágio superior.

O QUE SIGNIFICA DESCARGA OU DESCARREGO NA UMBANDA? Significa que se vai afastar perturbações espirituais ou obsessores que estão atormentando uma pessoa, uma casa de comércio ou residência, ou os médiuns de um Terreiro de Umbanda.

O QUE SÃO AS GUIAS E PARA QUE SERVEM

Para conhecer mais sobre as Guias sugerimos a leitura do livro
"O Ritual de Umbanda - Para Leigos"

O QUE SÃO AS GUIAS? Também conhecidas como "Cordão de Santo", "Colar de Santo" ou "Fio de Contas", as Guias são uma espécie de colar colorido usado por todos os filhos de fé durante as Giras e faz parte do Fundamento da Umbanda. Após ser confeccionadas e imantadas pelo Guia do Dirigente do Terreiro ou pelo Guia do médium a qual pertence, torna-se uma espécie de para raios de descargas pesadas em defesa de quem as usa. Também se torna mais uma ferramenta de ligação entre o médium e seu Guia.

COM QUAL MATERIAL DEVEM SER CONFECCIONADAS? São confeccionadas com sementes, pedras, porcelanas, conchas, cristais, enfim, sempre com produtos naturais por serem condutores de energia. Os produtos feitos de plástico, por exemplo, as miçangas ou materiais que se equivalem, não podem ser usados de nenhuma forma porque o plástico é isolante e, sabendo-se que através dele não passa corrente elétrica, tampouco o fluido dos Guias. Devem-se, portanto, utilizar miçangas de porcelana, cristal ou louça, e com a cor correspondente ao Guia ou ao Orixá. A medida deve ir até a altura do umbigo. Em alguns Terreiros é costume utilizar certo número de miçangas enfiadas uma a uma em fio de aço, de náilon ou fibra vegetal, mas normalmente são confeccionadas seguindo o padrão do Terreiro.

AS GUIAS PRECISAM SER CONSAGRADAS? Usar uma Guia no pescoço sem ter sido consagrada e imantada é apenas um colar. Sendo as Guias ferramentas pessoais são também intransferíveis. Embora vendidas em lojas de artigos religiosos, o ideal é que o próprio médium as confeccione, manipule e utilize. Em alguns Terreiros as Guias podem ser feitas por outros filhos de fé desde que escolhidos pelo Dirigente ou Guia Chefe para essa finalidade.

QUANTOS TIPOS DE GUIAS EXISTEM? Existem pelo menos quatro tipos de Guias que são usadas pelos médiuns: Guia de Proteção, Guia de Tratamento, Guia do Orixá e Guia das Entidades.

O QUE É GUIA DE PROTEÇÃO? É aquela que quando um médium entra para a Gira de Desenvolvimento deve providenciar, chamada **Guia de Oxalá,** de cor branca, ou **Guia das Sete Linhas,** contendo as sete cores dos Orixás de Umbanda. Quem decide qual das duas Guias é a tradição do Terreiro.

O QUE É GUIA DE TRATAMENTO? É frequentemente de cor branca e que se dá para o assistido usar durante o tempo que durar o tratamento, devidamente cruzada e imantada, representando a força e vibração de Jesus/Oxalá.

O QUE É GUIA DO ORIXÁ? É a Guia que está ligada à faixa vibratória do Orixá do médium, confeccionada na cor relacionada ao Orixá, geralmente de uma só cor, embora existam Terreiros que trabalham com Orixás cruzados e aí a Guia terá duas ou mais cores.

O QUE É GUIA DAS ENTIDADES? É aquela que não tem um padrão ou cor predefinida porque cada Entidade pede a Guia de acordo com a sua necessidade. Pode ser feita de materiais diversos como coquinho, olho de cabra, dentes e é de grande importância que se siga exatamente a recomendação da Entidade quanto ao modelo e confecção porque tem um fundamento igual ao ponto riscado.

COMO SÃO AS GUIAS DAS ENTIDADES? As cores variam de acordo com o Terreiro, normalmente confeccionadas seguindo um "padrão da Casa". **Lembrando sempre que qualquer elemento especial que se acrescente ao Fio**

de Contas simples deve ser a pedido da Entidade ou de acordo com a doutrina do Terreiro, porque Colar de Santo não é adorno para enfeitar médium.

COMO SÃO FEITAS AS GUIAS DE PRETO VELHO? São feitas com contas nas cores preta e branca. É usual acrescentar semente da planta Lágrimas de Nossa Senhora, também conhecida como Conta de Lágrimas ou ainda Capim Rosário, usada na confecção do terço. Essas Guias são herança dos antigos africanos na época em que os negros eram cativos, essa semente era o material que se encontrava mais à mão porque estava plantada em todos os lugares. É semente cinza com uma palha dentro. Usam-se também favas, cruzes, figas feitas de arruda ou guiné.

COMO SÃO FEITAS AS GUIAS DE CABOCLO? São feitas com contas de cor verde, porém podem ter outra cor dependendo do Orixá regente do médium. Alguns Caboclos podem pedir nas Guias sementes de Açaí, de Coronha (também chamada de Olho de Boi), dentes, bambus, penas, conchas ou outro elemento do mar, sempre de acordo com a origem vibratória da Entidade.

COMO SÃO FEITAS AS GUIAS DE BAIANOS? São feitas na cor alaranjada e podem conter coquinho, semente ou fava conhecida popularmente como Olho de Boi, ou outra semente denominada Olho de Cabra, pedaços de couro e búzios.

COMO SÃO FEITAS AS GUIAS DE BOIADEIRO? São confeccionadas na cor azul ou vermelhas e podem conter além das miçangas, Olho de Boi, Olho de Cabra, pedaços de couro.

COMO SÃO FEITAS AS GUIAS DE CIGANOS? São feitas de cores diversas, muito coloridas, e podem conter fitas, pedras diversificadas e em especial Ágata de Fogo.

COMO SÃO FEITAS AS GUIAS DE MARINHEIRO? São confeccionadas na cor azul clara e podem conter conchas e âncoras.

COMO SÃO FEITAS AS GUIAS DE MALANDROS? São contas nas cores branca, vermelha e preta intercaladas, e podem conter adereços de ferro e aço.

COMO SÃO FEITAS AS GUIAS DE EXU? São feitas nas cores preta e podem conter sementes de Olho de Cabra, tridente, búzios pretos, pedras Ônix, Obsidiana ou Hematita, além de instrumentos de ferro, aço, etc.

COMO SÃO FEITAS AS GUIAS DE POMBOGIRA? São confeccionadas com miçangas da cor vermelha e pode conter tridente, além de instrumentos de ferro, aço.

COMO SÃO FEITAS AS GUIAS DE SEREIAS? Podem ser feitas com conchinhas recolhidas à beira-mar.

O QUE SIGNIFICA FIOS DE UMA SÓ "PERNA"? É o nome que se dá ao colar simples de uma só fiada de miçangas, cuja medida deve ir até a altura do umbigo.

OFERENDAS

O QUE É OFERENDA? Oferenda é aquilo que se oferece. O dízimo, que é a décima parte de algo doado voluntariamente para ajudar organizações religiosas, é uma oferenda.

COMO É A OFERENDA DOS CATÓLICOS? Chama-se a Liturgia Eucarística e inicia-se com a preparação das oferendas que são o pão e o vinho, e ao serem consagrados entendem que se tornam o corpo e o sangue de Jesus. O ofertório é parte do ritual católico em que são consagrados e ofertados o pão e o vinho com água, oferendas de dinheiro e outros objetos que podem ser levados com caráter simbólico.

COMO É A OFERENDA NO BUDISMO? Os Budistas oferendam flores, arroz, velas, lamparinas, incensos, mandalas, água, chás, frutas, pó de sândalo. As oferendas de lamparinas, por exemplo, é simbolicamente a oferta de luz para dispersar obstáculos de todos os seres. O propósito de fazer oferendas no Budismo é desenvolver e aumentar a mente de generosidade e reduzir a avareza.

COMO É A OFERENDA NO CANDOMBLÉ? No Candomblé as oferendas são de origem animal, abatido pelo chamado Axogun ou Ogã de Faca ou ainda Mão de Faca, que é quem sabe as técnicas complexas para o sacrifício. O animal vai para as mãos da cozinheira chamada Iyagbasé, que é a única responsável por fiscalizar e executar tudo o que se refere à alimentação da Casa de Candomblé, tanto para o Orixá como para todos os presentes. Normalmente a Iyagbasé (pronuncia Iabassê) é maior de 60 anos porque nessa idade não menstrua mais.

COMO É A OFERENDA NA UMBANDA? A regra mais importante deixada pelo Caboclo das Sete Encruzilhadas quando da fundação da religião, é que jamais de faça oferendas que contenha sacrifício animal. Utiliza-se o chamado "sangue verde", de origem vegetal obtido nas cascas das árvores, folhas, frutos, sementes e flores. Usa-se também o "sangue" de origem mineral que são água, sal e carvão. Deste modo **as oferendas são feitas basicamente com flores, frutas, velas e bebidas.**

OFERENDAS E DESPACHOS SÃO AS MESMAS COISAS? As oferendas da Umbanda são, por infelicidade, constantemente confundidas com os despachos de encruzilhada, com as macumbas que alimentam o astral inferior e cujos ofertantes (tanto os que fizeram quanto os que mandaram fazer) só conseguem de verdade a companhia de vampiros que, após se alimentarem da carne putrefata do pobre animal, vão em busca dos desajuizados que com eles fizeram "negócio". **Engana-se quem acha que será atendido em seus sinistros propósitos mutilando, matando, enterrando vivos os pobres animais.** Os espíritos de baixa vibração estão interessados apenas em sorver o fluido vital do sangue enquanto os animais são mortos, e depois da carne em decomposição. **Como os que assim agem podem acreditar que O Criador permitiria a uma pessoa de má índole, com o auxílio de um Espírito perverso que necessita do sangue de um animal**

inocente, fazer mal ao seu próximo?

ONDE SÃO FEITAS AS OFERENDAS E QUAL A FINALIDADE? Na verdadeira religião de Umbanda as oferendas são feitas junto à Natureza e sempre com a finalidade de absorver, nos campos de força dos Orixás presentes no mundo natural, as energias dali irradiadas tal qual o sedento junto à fonte de água cristalina. Nos pontos de força os filhos de fé estabelecem sintonia com os Orixás e suas emanações, descarregando as energias negativas e recebendo eflúvios benéficos e positivos que reequilibram os corpos inferiores. Em resumo, **oferenda é um meio para se colocar em sintonia vibratória e mental com os Orixás.**

HÁ UMA FORMA CERTA DE SE FAZER OFERENDA? Não há uma receita nem fórmula nem maneira certa ou errada de se fazer uma oferenda, o que importa é a intenção e o pensamento durante o ato. Não é preciso fórmula mirabolante, apenas que seja feita como o coração mandar. *Se colocar uma melancia aberta debaixo de árvore frondosa, regada de caldo de cana, e pedir com fé* para que haja harmonia em seu local de trabalho, **ESTARÁ REALIZANDO UMA OFERENDA.** *Se colocar uma melancia aberta debaixo de árvore frondosa, regada de caldo de cana, e pedir com fé* para que um colega de trabalho que está lhe prejudicando seja demitido, **ESTARÁ REALIZANDO UMA DEMANDA.** Para a espiritualidade o que vale é a intenção, muito além do ato e dos elementos com os quais é realizado.

É PRECISO ENTREGAR AMALÁ (COMIDA RITUAL) NAS OFERENDAS? Alguns Dirigentes acreditam que é preciso entregar no amalá (comida ritual) os elementos correspondentes ao Orixá ao qual se está oferendando. Outros acreditam que deve haver uma ritualística que incluam movimentos e procedimentos específicos, desenhos para criar poderes mágicos, invocação. Porém nada disso será útil se não houver nas palavras e pensamentos o verdadeiro querer do ofertante, seja desejando o amor seja endereçando a dor.

OS GUIAS DE UMBANDA E OS ORIXÁS PRECISAM DE OFERENDAS MATERIAIS? *Que fique bem claro que nenhum Guia de Luz, trabalhador de Umbanda assim como nenhum Orixá precisa de oferendas materiais. Elas são úteis à concentração de quem oferece, e que uma simples oração feita com a mais profunda fé no silêncio do coração é mais eficaz que todas as oferendas que se possa fazer se o ofertante não estiver imbuído de boas intenções.*

É VERDADE QUE A OFERENDA É ESSENCIAL PARA SE CONSEGUIR AJUDA DAS ENTIDADES? Não basta oferenda para conseguir qualquer coisa que se precise ou se queira. **É preciso esforço.** Os Guias de Luz e os Orixás não vão tornar as obrigações mais aprazíveis nem as responsabilidades menos implacáveis em troca de oferenda, não há barganha com a espiritualidade. Nenhum Preto Velho jamais vai pedir parte das posses financeiras de alguém em troca de chance de progresso espiritual ou financeiro. Os pedidos que são feitos nas oferendas só acontecem se for do merecimento de quem ofertou, e sendo assim nem precisava de oferenda.

TODOS OS MÉDIUNS SÃO OBRIGADOS A FAZER OFERENDAS? O QUE SÃO? PARA QUE SERVEM? Não são todos os Terreiros que adotam essa prática. Oferendas são oferecidas para as Entidades ou Orixás com o objetivo de conseguir força espiritual. Quando feita com fé e respeito eleva a força fluídica que se encontra ao redor do perispírito da pessoa que ofertou, e que a Entidade oferendada manipula e direciona para ajudar na realização de um pedido. A Entidade apenas manipula a energia fluídica que envolve a oferenda, é importante deixar bem claro que, ao contrário da crença comum, as oferendas na Umbanda não são para as Entidades ou Orixás comerem, até porque estão em planos mais elevados de onde extraem outros tipos de energia de acordo com as suas condições, mas servem para que absorvam teores energéticos da natureza e os revertam para o próprio ser humano, de acordo com a sua necessidade. Outra razão da oferenda é que quando feitas na natureza estão ligadas às forças sutis do mundo natural tais como da mata limpa, praia limpa, montanha, cachoeira, e deste modo tem-se auxílio dos espíritos elementais que os habitam. Assim as oferendas servem para restituir as energias a fim de equilibrar física, mental e espiritualmente. As oferendas não são obrigações, Orixás e Guias de Umbanda não obrigam ninguém a oferecer coisa nenhuma, muito menos pedem ou exigem que se adquiram objetos e elementos caros, cujo dinheiro pago vai fazer falta no orçamento. Quem quiser oferendar basta algo simples como uma flor.

Nunca é demais lembrar que a Umbanda respeita a natureza, e o verdadeiro umbandista recolhe os elementos que usa em seus cultos e oferendas quando feitos ao ar livre, seja na mata, seja na praia, cachoeira ou em qualquer lugar. Alguidás, velas, palitos de fósforo, nada deve ficar emporcalhando o ambiente, nem mesmo a parafina da vela em uma pedra é admissível deixar.

MAGIA E SEUS ELEMENTOS

O QUE É MAGIA NA UMBANDA? Importante esclarecer que Magia na Umbanda não é superstição, crença ou prática irracional resultante da ignorância e do medo do desconhecido. Magia na Umbanda é conhecimento "oculto" acerca da natureza e suas forças misteriosas. E esse conhecimento se obtém através do estudo registrado em textos escritos e também transmitidos oralmente pelos Guias. A Umbanda é permeada constantemente por atos de magia, e aqui são pontuados alguns deles.

Ponto Riscado

O QUE É PONTO RISCADO? Também chamado de **GRAFIA DOS ORIXÁS**, é o conjunto de sinais referentes aos Guias de Umbanda. Assim como cada homem e mulher um tem sua assinatura que os identifica e é única, não existindo duas iguais, assim são os pontos riscados das Entidades que trabalham na Umbanda.

JÁ VI OS SÍMBOLOS DOS PONTOS RISCADOS EM OUTRAS RELIGIÕES. TODOS TÊM O MESMO SIGNIFICADO? Não, esses símbolos na Umbanda tem significado próprio. Por exemplo, a estrela de seis pontas para o Judaísmo simboliza o selo de realeza representativo do reinado de David (daí o nome Estrela de David), mas na Umbanda a estrela de seis pontas representa a justiça, portanto é símbolo de Xangô.

O QUE DIZER DOS TERREIROS QUE OBRIGAM A ENTIDADE RISCAR O PONTO? A Entidade vai riscar o Ponto quando ela achar que é o momento, ninguém além dela pode decidir isso. Somente vai riscar o Ponto quando estiver em total sintonia com o médium e quando entender que o médium está preparado. Obrigar o Guia riscar o Ponto só vai causar ansiedade e aflição no médium que vai buscar na internet alguns "desenhos" só para satisfazer a expectativa do Dirigente. Não tem nenhum valor espiritual.

DUAS ENTIDADES COM O MESMO NOME TERÁ O MESMO PONTO RISCADO? Não. Embora sejam trabalhadores da mesma falange possuem suas individualidades e missões espirituais próprias. Pode haver alguma semelhança, mas nunca será igual.

COMO SABER SE O PONTO RISCADO PELA ENTIDADE ESTÁ CORRETO? Isso quem saberá é o Guia Chefe do

Terreiro, pois cabe a ele confirmar. Se não está correto o médium será orientado para firmar a incorporação, sempre com o carinho e respeito que o médium merece.

POR QUE EM ALGUNS TERREIROS OS DIRIGENTES PEDEM QUE AS ENTIDADES RISQUEM OU CANTEM SEUS PONTOS? Porque alguns Dirigentes fazem a confirmação da Entidade, dos Orixás e das falanges desta forma. Mas somente os Guias com incorporação completa junto aos seus médiuns conseguem isso, e o que se vê são Dirigentes que pressionam os médiuns iniciantes para riscar ou cantar o Ponto, o que gera ansiedade injustificável, sendo inclusive motivo do abandono da religião por alguns irmãos que passaram a duvidar de sua mediunidade por causa de exigência descabida.

PEMBA

O QUE É PEMBA? É uma espécie de giz colorido com que se riscam os Pontos e são de cores variadas como branco, vermelho, amarelo, rosa, roxo, azul, marrom, verde e preto. Por si a Pemba não tem valor, apenas nos sinais grafados através dela é que lhe é atribuída grande importância. Quando se fala "**Lei da Pemba**" refere-se à Umbanda propriamente dita, e quando se fala "**Filhos de Pemba**" é referencia aos filhos de Umbanda.

O QUE SIGNIFICA A FRASE NA MÚSICA "EU ABRO A NOSSA GIRA COM DEUS E NOSSA SENHORA, EU ABRO A NOSSA GIRA SAMBORÊ, PEMBA DE ANGOLA"? Samborê vem do Cabula e do Omolokô, que são duas religiões surgidas dos povos vindos da África, para quem a palavra *"samba"* significa *"pular com alegria"*, assim esse trecho do ponto cantado declara a alegria por estar iniciando a Gira. A Pemba é originária dos rituais Bantu (Congo e Angola) onde é reverenciada e sempre há uma reza para ela. Note que também nos pontos cantados constata-se a herança dos povos do Candomblé.

POR QUE SE USA A PEMBA PARA RISCAR AS MÃOS, PÉS E CABEÇA DOS MÉDIUNS? Geralmente para dar-lhes proteção.

QUAL É A DIFERENÇA ENTRE AS CHAMADAS PEMBA DE ANGOLA, DO CONGO, DA COSTA E DE MOÇAMBIQUE? Não tem nenhuma diferença além do preço. A força não está na pemba e sim nos sinais que o Guia firmou.

POR QUE AS PEMBAS SÃO COLORIDAS? Porque representam as Linhas de Trabalho das diversas Entidades espirituais da Umbanda. Um Caboclo de Ogun irá riscar seu ponto de vermelho que é a cor do Orixá Ogun, os Caboclos de Oxóssi usam a cor verde, de Xangô é marrom etc.

<u>Pólvora</u>

PARA QUAL FINALIDADE SE UTILIZA A PÓLVORA NA UMBANDA? Pólvora, também chamada FUNDANGA ou TUIA, é utilizada na Umbanda para descarrego, ou seja, para afastar perturbações espirituais. Assim como o fogo no campo físico serve para esterilizar, no campo energético a pólvora tem a propriedade de purificar consumindo por inteiro as formas-pensamentos que são as chamadas larvas mentais ou miasmas, larvas astrais e outros parasitismos.

O QUE É RODA DE FOGO OU CAMINHO DE FOGO?

Chama-se Roda de Fogo ou ainda Caminho de Fogo o ritual de purificação considerado a força máxima da limpeza espiritual. Geralmente desenha-se um Ponto Riscado com pólvora ou com a pemba, em seguida acende e deixa queimar. Esse ritual varia de acordo com o Terreiro na forma como é feito, mas não na intenção que é igual em todos os Terreiros de Umbanda.

A QUEIMA DE PÓLVORA É PARA "QUEIMAR" OS ESPÍRITOS?

Não. Quando se realiza a queima da pólvora, ao contrário do que alguns pensam não se queima nenhum espírito, o ponto de fogo ou queima de fundanga (pólvora) é para descarga ou desintegração de placas no perispírito sobrecarregado de fluidos nocivos.

O QUE SÃO LARVAS MENTAIS E LARVAS ASTRAIS?

As larvas mentais não são seres, nem espíritos e nem alma, são aglomerado de energia negativa e roubam a vitalidade do hospedeiro, podendo comparar as larvas mentais a parasitas. As larvas astrais são criações mentais geradas a partir de pensamentos e sentimentos desequilibrados que se alimentam dos atos, pensamentos e desejos negativos e destrutivos e que se apropriam da saúde, bem-estar, prosperidade e equilíbrio mental/emocional. Todo tipo de vício atrai larvas astrais, cada uma de acordo com suas necessidades. Há larvas astrais que encontram prazer no álcool, e por isso se grudam na aura de alcoólatras e os incentivam a beber cada vez mais.

É FATO QUE LARVAS ASTRAIS SÃO ATRAÍDAS POR SANGUE? Sim, seja qual for o tipo, astral ou mental, invariavelmente são atraídas por sangue fresco como há nos matadouros, porque os vapores do sangue dão a sensação de vida. Os que fazem oferendas com sangue dos pobres animais sequer imaginam que estão satisfazendo o instinto pernicioso de larvas e não de Entidades trabalhadoras de Umbanda. **É só pensar: por que e para que um Espírito de Luz iria pedir sangue?**

COMO ESSAS LARVAS DO MENTAL E DO ASTRAL SÃO ATRAÍDAS? Por empatia ou por afinidade. Elas se alimentam dos pensamentos e desejos negativos e destrutivos. Pessoas de má índole, que vivem ambicionando o que é dos outros e constantemente desejando o mal alheio, estão sempre cercadas por larvas astrais. São parasitas e é preciso que se livre deles.

<u>Folhas e Ervas</u>

POR QUE SE USAM FOLHAS E ERVAS NA UMBANDA? As folhas e ervas são curandeiras desde a remota antiguidade. É do conhecimento geral suas propriedades aromáticas, alimentares e medicinais, e em muitos casos são tão ou mais eficazes que os medicamentos industrializados. No Brasil o conhecimento das propriedades das plantas medicinais é uma das maiores riquezas da cultura indígena. O índio, com conhecimento milenar, retira das plantas diversos remédios para a cura e prevenção de doenças em rituais repletos de elementos desconhecidos pelos homens brancos. Considerando que a Umbanda é formada também pela religiosidade indígena, herdou a crença e o conhecimento segundo o qual das plantas e ervas emanam fluídos benéficos que os umbandistas usam para diversos fins. Das cascas, folhas e flores extraem emulsões para o preparo de banhos, amacís, imantações. Acreditam os umbandistas que nas ervas e folhas ritualísticas estão contidas grande concentração de energia dos elementos naturais da terra que as sustentam, como a energia da luz do sol, a intensidade do ar, o vigor da água das chuvas que as alimentam, dando às folhas e ervas a força da Criação. Quando utilizadas para defumação entra em comunhão com o simbolismo da terra e água através do vegetal que queima (ervas), com a potência do fogo no carvão em brasa e com o ar que alimenta a combustão. Enfim, seu uso é indispensável, *pois "sem folha não tem sonho, sem folha não tem vida, sem folha não tem nada"*.

AS VELAS

HÁ UMA FORMA CORRETA DE ACENDER VELA NA UMBANDA? Se acender a vela de forma automática, nada mais será do que tacar fogo no pavio de cera misturada com parafina, e estará gastando dinheiro inutilmente. Quando se acende uma vela não pode ter pressa, deve-se concentrar na chama que é calor e luz, ir de encontro ao próprio íntimo buscando respostas, entrando devagar em sintonia com os seres com os quais tem afinidade, anjos, Orixás, elementais, encantados, santos, Guias, não importa o nome que se dê. É preciso saber da grandeza e importância do momento, pois a energia emitida pela mente daquele que acende a vela irá se misturar à energia ígnea (do fogo), buscando alcançar a essência (ou a mente) da entidade. A energia emanada pelo pensamento juntamente com a intensidade do fogo viajarão no espaço pedindo auxílio àquele que vai atender a razão da queima da vela, de acordo com o merecimento do pedinte. Quem usa das próprias forças mentais com o auxílio das velas para ajudar alguém recebe em troca energia muito positiva. O oposto também acontece se inverter o fluxo de energia, ou seja, se o pensamento estiver negativo, carregado de ódio, de vingança e a finalidade for prejudicar o outro às vezes é alcançado, mas o retorno é infalível.

É VERDADE QUE A ENERGIA DO RETORNO SEMPRE É MAIOR? Sim, é verdade. Para o bem e para o mal. Porque ela volta com a energia de suas intenções somada a energia daquele que a recebeu.

PODE-SE DIZER QUE AS VELAS SÃO MÁGICAS? Sim, se considerarmos que mágica é a movimentação de energias.

POSSO ACENDER VELA DENTRO E FORA DE CASA? Não há problema. Os lares em que há harmonia e equilíbrio possuem proteção natural advinda da Espiritualidade que impedem o acesso de espírito ainda em perturbação em qualquer nível.

SE EU ACENDER UMA QUANTIDADE GRANDE DE VELAS TENHO MAIS CHANCE DE ENTRAR EM SINTONIA COM AS ENTIDADES? A intenção de acender uma vela gera energia mental no cérebro, e é essa energia que a Entidade irá captar em seu campo vibratório. Deste modo não é a quantidade de velas que se acende que é determinante, mas a qualidade, que é a fé e a mentalização daquele que acende a vela. Assim sendo é inútil acreditar que se pode "comprar favores" ou "ter mais proteção" de um Guia ou Entidade negociando ou acendendo um número grande de velas. Os espíritos captam em primeiríssimo lugar as vibrações de nossos sentimentos, quer acendamos velas ou não.

COMO DEVO INTERPRETAR AS CHAMAS E A QUEIMA DA VELA? QUANDO ELA NÃO ACENDE IMEDIATAMENTE, POR EXEMPLO, SIGNIFICA QUE ESTOU "CARREGADO"? OU SE A CERA SE ESPARRAMA É SINAL QUE HÁ FORÇAS NEGATIVAS ATRAPALHANDO A VIDA? As velas são simplesmente a extensão da vontade e dos pensamentos daquele que a acende. Quem acende uma vela sem concentração, sem intenção, de forma mecânica, está apenas acendendo um pavio inserido em parafina. A função do pavio é ser queimado para produzir fogo, e quando a vela não acende ou esparrama significa somente que o pavio foi mal colocado durante a fabricação.

AS VELAS TAMBÉM SÃO USADAS PARA PREJUDICAR O PRÓXIMO? Infelizmente há os que usam as velas para causar mal aos outros. Há práticas condenáveis que produzem suas próprias velas a partir de gordura de animais determinados para aquela intenção, e cujo pavio é feito com os cabelos de quem se deseja mal. Nada de positivo pode vir daí.

BEBIDA E FUMO

OS GUIAS DE UMBANDA SÃO ALCOÓLATRAS E VICIADOS EM NICOTINA E TABACO? Os trabalhadores espirituais da Umbanda não são alcoólatras e nem fumantes viciados em nicotina. O álcool e o fumo são ferramentas de trabalho úteis e necessárias, e tem que haver um compromisso sério de orientação aos médiuns para que sejam esclarecidos sobre o uso desses elementos, pois a falta de entendimento tem levado muitos irmãos umbandistas a cometer excessos absurdos que difamam a verdadeira missão de caridade prestada pelas Entidades e Guias espirituais, arcando a religião com o doloroso ônus dos exageros cometidos por médiuns desorientados e o julgamento ultrajante dos que criticam injustamente a Umbanda.

POR QUE ALGUMAS ENTIDADES TRABALHADORAS NA UMBANDA UTILIZAM O CHARUTO E O CACHIMBO? São utilizados tão somente como **defumadores individuais**. Nada além. Lançando a fumaça sobre a aura, os chacras e o corpo físico vão os trabalhadores atuando em benefício dos que tem fé, ao modo dos passes espirituais. As cigarrilhas são muito utilizadas pelas Pombogiras e Caboclas, os cigarros, inclusive de palha, são utilizados por quase todos os trabalhadores espirituais, mas **o Guia jamais traga a fumaça**. Quando dão preferência ao cigarro de palha impregnam o tabaco com sua energia espiritual e pensamentos que lhes são próprios, e transformam o "pito" em um desagregador de energias pesadas. Algumas entidades, inclusive, cospem em "caixinha" para evitar ao máximo a ingestão da nicotina pelo médium.

POR QUE ALGUMAS ENTIDADES TRABALHADORAS NA UMBANDA UTILIZAM A BEBIDA? A bebida, assim como o fumo, é utilizada na Umbanda para descarregar as energias densas, queimar larvas e miasmas astrais. Pelo fato de o álcool poder ser ingerido, é usado para limpar tanto o externo (quando o Guia pede que se passe a bebida nas mãos, por exemplo) como o interno (quando o Guia pede que a pessoa tome um **golinho** da bebida).

O QUE É CURIADOR? Manipuladas, as bebidas recebem o nome de "**curiador**", que são as utilizadas por cada Linha de Trabalhos. Caboclos "bebem" cerveja ou água de coco; Pretos Velhos "bebem" café e em alguns utilizam vinho; Crianças "bebem" guaraná ou outros tipos de refrigerantes e sucos de frutas; Baianos "bebem" água de coco ou batida de coco; Boiadeiros "bebem" cerveja escura; Marinheiros "bebem" rum e alguns "bebem" cerveja clara; Exu "bebe marafo" (pinga) e alguns "bebem" uísque ou vinho, e embora não seja comum, cerveja; Pombogira "bebe" champagne ou sidra.

OS GUIAS FUMAM E BEBEM PORQUE SÃO VICIADOS? Entender o fumo e o álcool como apego dos espíritos incorporantes à matéria é desconhecimento infantil acerca dos trabalhos magísticos caritativos realizados dentro do ritual de Umbanda. Eles não precisam desses elementos para si, utilizam-nos para a criação de um ritual. O álcool e o fumo são ferramentas de trabalho úteis e necessárias oferecidas pela natureza, e algumas vezes utilizadas por ter fácil combustão. Sempre que há excessos de beberagem é por conta do médium despreparado e mal orientado, e que sabe bem o que está fazendo.

MUITOS CLASSIFICAM A UMBANDA COMO "BAIXO ESPIRITISMO" POR CAUSA DA BEBIDA E DO FUMO DOS QUAIS FAZEM USO AS ENTIDADES. O uso do fumo e do álcool pelas Entidades que se manifestam na Umbanda leva os críticos da religião a classifica-la como "baixo espiritismo", assim como seus trabalhadores espirituais classificados em grau evolutivo inferior, e quem assim o faz compra o livro apenas pela capa sem se importar com o conteúdo. Criticam sem procurar conhecer sua essência e natureza, como o vaidoso que não tem interesse por nada que não seja o espelho.

COMO SE ARRANJA O MÉDIUM QUE NÃO É FUMANTE QUANDO INCORPORA UM GUIA QUE GOSTA DE FUMAR? Não há Guia que gosta de fumar. O cachimbo, charuto, cigarro de palha, cigarro com filtro, são defumadores individuais e utilizados apenas como instrumentos na ação dos trabalhos umbandistas. São usados com cuidado pelas Entidades que nunca tragam a fumaça, pois não são tabagistas.

TEM GUIA QUE TOMA QUANTIDADE CAVALAR DE BEBIDA. Nunca é o Guia. O próprio médium é que consome a bebida em quantidade despropositada. Neste caso pode ser que o Guia se afaste e deixe o médium com os efeitos da bebida que consumiu sem necessidade. Quando utilizada de fato pelo Guia, fica resquício mínimo da bebida no organismo do médium e não provoca nenhum prejuízo ao mesmo.

E O QUE SE PODE DIZER DOS GUIAS QUE INCORPORAM E JÁ PEDEM BEBIDA SENDO O DIRIGENTE DO TERREIRO OBRIGADO A NEGAR? Os exageros provêm de duas fontes: ou de médium despreparado e que presta um grande desserviço à religião de Umbanda, pois tais excessos são atribuídos pelos desavisados às Entidades trabalhadoras, e por isso taxadas injustamente de atrasadas e primitivas; ou provêm de espíritos mistificadores e aí o problema é o Dirigente incompetente, cujo comando é deficiente.

OS MARINHEIROS PARECEM SEMPRE EMBRIAGADOS. É a irradiação em que eles atuam que os fazem parecer bêbados. Aquele balanço é um ponto de descarrego no ambiente, esses trabalhadores trazem a energia e a vibração do mar. Muitos atuam normais, sem esse balanço. Marinheiro que se encharca de rum e cachaça, não existe. Existe médium despreparado.

HÁ DIRIGENTES QUE BEBEM BASTANTE QUANDO INCORPORADOS, PRINCIPALMENTE EM GIRA DE ESQUERDA. O Dirigente foi preparado por seus mentores e

Guias para a missão sacerdotal, tem o amparo direto da espiritualidade durante as Giras, pois a responsabilidade dele (ou dela) é total e é o para-raios das descargas do Terreiro, dos filhos da casa, dos visitantes encarnados e desencarnados, das irradiações pesadas e doentias dos que por ali passam. Portanto nunca se questiona a forma como ele ou ela dirige o trabalho. Os Exus e Pombogiras são os que fazem uso com mais frequência da bebida por serem trabalhadores com missões mais próximas às faixas vibratórias densas da Terra, e consequentemente necessitam das energias etéreas extraídas de matérias como alimentos e álcool para poderem realizar seus trabalhos que por falta de entendimento e palavra adequada chamamos "magia". O marafo (bebida alcoólica) sempre em pequenas quantidades, assim como a pólvora, são usados para limpar e descarregar os que procuram ajuda nos Terreiros.

LITURGIA, RITOS E SACRAMENTOS

Para conhecer mais sobre as Liturgias, Ritos e Sacramentos da Umbanda sugerimos a leitura do livro "Os Rituais de Umbanda"

SÓ A UMBANDA TEM RITUAL? O QUE É ISSO? Cada religião segue seus próprios rituais para comunicar-se com Deus através de atos, posturas e gestuais que demonstram devoção, e que podem ser entendidos como representação de humildade e agradecimento.

Assentamento

O QUE É ASSENTAMENTO? A definição de assentamento é "força ou poder assentado". Mas o que é força e o que é poder? Quando na Umbanda se fala "**força**" faz referência às Entidades, ou seja, os Caboclos, Pretos Velhos, Crianças, Marinheiros, Boiadeiros, Baianos, Ciganos; e quando fala "**poder**" faz menção aos Orixás. O Assentamento traz a força (Linha de trabalho ou Guia espiritual) e o poder (Orixá) para dentro do Terreiro.

DE QUE MODO SE FAZ ASSENTAMENTO PARA GUIA OU ORIXÁ? Normalmente para assentar uma Força (Linha de Trabalho ou Guia espiritual) ou um Poder (Orixá), escolhe-se um ponto e ali se depositam certos elementos como pedras, ervas, símbolos, de modo a ter uma força maior dos Orixás ou das Entidades.

QUAL A FINALIDADE DO ASSENTAMENTO? A energia emanada do Assentamento passa a dar sustentação aos trabalhos espirituais e conceder proteção a Casa. **Sustentar** é dar apoio, segurança, amparo. Alguns chamam esse ponto apenas de Assentamento, outros de **Assentamento de Orixá**. O local escolhido é permanente, não deve ser mudado a não ser que o Terreiro mude de endereço físico.

QUANTOS ASSENTAMENTOS TÊM EM UM TERREIRO? Costuma-se ter no mínimo dois assentamentos: o "**Assentamento do Altar**" que é onde se assenta os elementos dos Orixás ou das Entidades, e o "**Assentamento da Tron-**

queira" que visa à defesa energética do local e é onde se deposita os elementos ou ferramentas da Esquerda (Exu e Pombogira).

O ASSENTAMENTO FICA ESCONDIDO? O assentamento não fica às vistas dos frequentadores, mas não tem nada de misterioso ou perigoso que se deve esconder, é apenas usual que fique em local de pouco acesso.

O FUNDAMENTO SÓ PODE SER VISTO PELO DIRIGENTE? O fundamento de Assentamento não é ferramentas para uso somente de Dirigente nem se constitui em segredo, nada impede que o filho de fé peça ao Dirigente que mostre e ensine sobre os Assentamentos de sua Casa.

USA-SE SANGUE ANIMAL NO ASSENTAMENTO? Jamais. A Umbanda é uma religião que vivencia absolutamente a natureza, e deste modo nos cultos não se mata nem machuca nenhum ser vivo, **em nenhuma hipótese e sob nenhum pretexto**. Como a ideia dos assentamentos é influência do Candomblé, na Umbanda substituímos o sangue pelas ervas ou água.

O ASSENTAMENTO É FEITO DE IGUAL FORMA PARA TODOS OS ORIXÁS? Não. São feitos de acordo com o Orixá regente do Terreiro porque cada um tem suas ferramentas, seus elementos, cores, pedras, punhais, pontos riscados, terra, ervas, bebidas, fumo, pemba, enfim, são vários os elementos consagrados ao Orixá.

FIRMEZAS

O QUE SÃO FIRMEZAS? As Firmezas são diferentes do Assentamento porque são feitas para fins específicos. Por exemplo, quando se acende uma vela para o anjo de guarda de um ente querido pedindo proteção, se está direcionando e intensificando a energia mental de modo às súplicas chegarem até aquele que pode auxiliar. Ao acender a vela eleva-se o pensamento ao protetor espiritual ao qual o apelo é feito, e a energia emitida pela fé é vinculada a chama da vela. Ao terminar a prece a vela é deixada sobre um altar ou um móvel, e a vibração de amor, assim como a essência dos sentimentos emanados durante a prece, fica firmada na vela acesa. **Enquanto estiver acesa dela será irradiado constantemente o pedido de auxílio. Quando ela se acabar, a firmeza perderá a força.** A vela está firmada e não assentada, porque a irradiação só dura enquanto estiver acesa.

PARA QUAL FINALIDADE SÃO FEITAS AS FIRMEZAS? Podem ser feitas em casa para limpar o campo energético, para descarregar o ambiente, para ajudar o filho, esposa, marido, amigos. Podem ser firmadas para as Linhas de Trabalho, Orixás, santos, anjo de guarda, enfim, canalizada para onde estiver a devoção.

O QUE É FIRMEZA DE ESQUERDA? A Firmeza de Esquerda é igual ao explicado acima só que direcionada para Exu, Pombogira e Exu Mirim.

FIRMEZA PODE SER FEITA DENTRO DE CASA? Sim, apenas as Firmezas da Esquerda se recomenda fazer fora de casa.

E QUEM MORA EM APARTAMENTO E NÃO TEM QUINTAL? Nesse caso pode fazer atrás da porta da entrada, mas se não puder deixar vela acesa porque mora com outras pessoas que não compartilham da mesma crença pode também deixar na lavanderia. E se também na lavanderia não for possível pode deixar atrás da porta do próprio quarto.

DISSERAM-ME QUE NÃO PODE ACENDER VELA DENTRO DE CASA NEM MESMO PARA O ANJO DE GUARDA. Essa é opinião de alguns Espíritas para quem acender vela dentro de casa atraí espíritos perdidos, maneira de pensar que não é compartilhada pelos umbandistas. Toda vela que se acende tem um destinatário, ou acende para um Preto Velho ou para um Caboclo etc. Não há motivo para temer porque toda vela acesa com propósito nobre é uma Firmeza.

FIRMEZA E ASSENTAMENTO SÃO IGUAIS? Não. Firmeza é uma simplificação do Assentamento, mas tem as mesmas funções. Um ponto de sustentação é uma Firmeza. Um ponto de força é um Assentamento. A Firmeza pode ser iluminada de vez em quando ou somente quando se fizer algum pedido à Entidade firmada. O Assentamento deve ser realimentado constantemente e geralmente em dia da semana definido. Tanto o Assentamento quanto a Firmeza tem a função de amparar e proteger.

TRONQUEIRA

O QUE É TRONQUEIRA? Tronqueira, também chamada Canjira, é uma casinha que fica assentada do lado esquerdo da entrada de todo Terreiro. É nessa "casinha" onde está o Assentamento do Exu Guardião e da Pombogira Guardiã do médium Dirigente, cuja função, entre tantas outras, é tomar conta da entrada. Tronqueira um portal que impede as forças hostis se servirem do ambiente religioso de forma deturpada. É para a Tronqueira que os fluidos negativos são atraídos e dali dispersados para as profundezas da terra (como se fosse um fio terra).

BATER CABEÇA

O QUE É BATER CABEÇA? "Bater cabeça" é o ato em que o médium se prostra no chão ou simplesmente se encurva frente ao Gongá.

EM QUAIS LUGARES SE BATE CABEÇA NO TERREIRO DE UMBANDA? Na Umbanda se "bate cabeça" defronte ao Gongá (altar) e os Atabaques, e aos pés ou diante do Dirigente dependendo do costume da Casa. É preciso entender que quando se ajoelha em frente ao Dirigente ninguém está prostrado diante do homem ou da mulher que dirige o Terreiro (e que é um ser humano cheio de defeitos como os médiuns), mas em reverência aos Orixás, ao Guia chefe do Terreiro e a toda corrente espiritual **representada naquele momento pelo Dirigente**.

O MÉDIUM PRECISA BATER CABEÇA NO GONGÁ? Não precisa, mas bate em sinal de humildade e reverência. É um gesto simbólico que representa o oferecimento de seu Orí (Coroa) para o Orixá e seus enviados. É também um pedido de benção.

CRUZAR

O QUE É CRUZAR? Cruzar significa formar cruz. A cruz é o símbolo de Omulu/Obaluaiê, o Orixá das passagens, dos entrecruzamentos. Quando se chega ao Terreiro saúdam-se as forças do Alto e do Embaixo, da Esquerda e da Direita que tomam conta da Casa, desenhando com os dedos, no chão, o símbolo da cruz. **Com esse rito o médium atravessa o portal dos mundos, e o sinal da cruz é a chave que abre a porta da passagem.** Objetos também podem ser entregues aos Guias para que sejam cruzados, de modo a empregar neles a força da Entidade que lhe é própria e ligar ao poder que rege o Terreiro.

AO ENTRAR NO TERREIRO SÓ CRUZAR COM OS DEDOS O SOLO BASTA? Sim, mas muitas pessoas fazem uma oração que ajuda a se concentrar no propósito, dizendo *"Eu saúdo o seu alto, o seu embaixo, a sua direita e a sua esquerda e peço em nome de Omulu/Obaluaiê que se abra o portal do sagrado para mim"*.

CONSAGRAR

O QUE É CONSAGRAR? Consagrar é tornar sagrado. Ele deixa de ser profano e passa a ser sagrado, ou seja, deixa de pertencer ao mundo material e passa a pertencer ao plano espiritual. Por exemplo, as Guias são simples colares, mas quando consagradas adquirem poder de resguardar o médium contra ataques de ordem mental ou espiritual.

IMANTAR

O QUE É IMANTAR? A palavra imantar vem de "imã" e quer dizer "magnetizar". Magnetizar significa "exercer poderosa atração sobre algo". Dessa forma entende-se por imantar o ato de transportar uma força ou poder de uma pessoa ou objeto para outro, por exemplo, pode-se dar uma Guia para um Preto Velho imantar e assim será agregada a força dele ao objeto.

QUAL É A DIFERENÇA ENTRE CRUZAR, CONSAGRAR E IMANTAR? Cruzar está associado a cruz, então quando se diz que um objeto foi cruzado significa que ele foi vinculado às forças que regem o Terreiro ou que regem o médium. **Consagrar** significa tornar sagrado, então quando se diz que um objeto foi consagrado significa que ele se tornou sagrado para o médium e para a Umbanda. **Imantar** vem da palavra imã, então quando se diz que um objeto foi imantado significa que ele foi carregado de um poder ou de uma força.

SACUDIMENTO

O QUE É RITUAL DE BATE FOLHA OU SACUDIMENTO? O Bate Folha, também chamado de **SACUDIMENTO**, é um ritual cuja finalidade é descarregar o ambiente ou pessoas, fazendo uma limpeza ou reorganização energética, geralmente utilizando um amarrado de ervas da escolha da Entidade que está dirigindo o ritual, geralmente feito durante as Giras com ervas apropriadas para cada situação. O termo Sacudimento é mais comum no Candomblé, mas também é utilizado na Umbanda.

PASSE

O QUE É PASSE UMBANDISTA? O passe é a sintonia da mente do Guia com a mente de quem o recebe, formando entre ambos uma corrente mental através da qual o Guia emite energia para a pessoa. É certo dizer que o Guia faz uma transfusão de energia (igual a uma transfusão de sangue) com a finalidade de rearmonizar seu corpo, mente e alma. O Guia pode retirar a energia doada de seu próprio corpo astral ou da Natureza, e emanar para os centros vitais de quem recebe o passe. Na Umbanda aprendemos que em uma simples troca de olhar, num mero aperto de mão, na relação sexual ou num inocente abraço a troca energética acontece. Portanto, orai e vigiai.

ROUPA BRANCA

POR QUE USA ROUPA BRANCA? Usa-se o branco por duas razões. A primeira é que o branco é a soma de todas as cores, por isso é a cor que representa Oxalá que é considerado o Orixá Maior na Umbanda. A segunda razão nos remete ao dia 16 de novembro de 1908, dia da fundação da Umbanda pelo Caboclo das Sete Encruzilhadas quando foi determinado que os filhos de fé sempre vestissem branco durante os cultos, muito provavelmente porque assim há igualdade entre todos, não havendo nada que diferencie os umbandistas. Todos vestidos igualmente não há distinção social nem se evidenciam disparidade financeira, são somente humildes servidores da Fraternidade e Caridade em nome do Amor.

O QUE É DEFUMAÇÃO? A defumação, também chamada **incenso**, é um elemento importantíssimo em qualquer Terreiro de Umbanda porque, junto com os Pontos Cantados, harmoniza o ambiente e modifica de modo a equilibrar o estado de consciência dos médiuns e assistidos a fim de receber os Guias que vão ali praticar a caridade. A queima de ervas e resina é depurador que desmancha a couraça de energias negativas que envolvem muitos dos assistidos, e permite que a Gira comece a receber as vibrações dos Orixás e da corrente espiritual da Casa. Na Umbanda cada erva tem um significado e poder, e **a principal função da defumação é perfumar, limpar e harmonizar o ambiente e dissipar as energias negativas**. A maioria usa benjoim, alecrim, alfazema, arruda, guiné, manjericão e palha de alho.

Banhos

O QUE É BANHO RITUALÍSTICO? Banho Ritualístico é literalmente um banho que se toma com ervas, folhas ou flores misturadas à água, a fim de promover a troca energética entre a pessoa e a natureza, cuja finalidade é normalizar as forças espiritual, física, emocional e mental daquele que se banha. Há quatro tipos de Banhos Ritualísticos na Umbanda, denominados Banho de Descarrego, Banho de Defesa, Banho de Energização e Banho de Fixação, todos fundamentais para os médiuns porque com ele há troca ou reposição das energias.

PARA QUE SERVEM OS BANHOS COM ERVAS? Servem para harmonizar o corpo astral do médium e sintonizá-lo com seus Guias.

QUAL A FINALIDADE DO BANHO DE DESCARREGO OU BANHO DE DESCARGA? São feitos com a finalidade de livrar a pessoa de cargas energéticas negativas. No presente plano evolutivo todos estão interligados através dos pensamentos, são reféns de suas palavras, atos e intenções de modo que vai criando uma "casca" que se gruda no corpo astral. Dois tipos comuns de Banhos de Descarrego são os que usam sal grosso e os que utilizam as ervas.

QUAL A FINALIDADE DO BANHO DE DEFESA OU BANHO DE PROTEÇÃO? Tem como finalidade empregar as propriedades energéticas e fitoterápicas de plantas e raízes com o objetivo de reequilibrar os corpos físico, emocional, mental e espiritual.

PARA QUE SERVEM OS BANHOS DE ENERGIZAÇÃO? São para fortalecer principalmente o mental de modo a facilitar a incorporação e conseguir melhor sintonia com os Guias. Também são feitos por quem deseja ou precisa se harmonizar com seu Orixá e Guia de Frente, **portanto quando o médium vai trabalhar em Gira de Umbanda o Banho de Energização é indispensável**. Também é aconselhado quando a pessoa precisa mais força de si própria ou encorajamento.

O QUE SÃO BANHOS DE FIXAÇÃO? São banhos preparados que "abrem" todos os chacras e deixa aguçada a percepção mediúnica, por isso são **feitos apenas por médiuns e somente quando vão participar de Giras fechadas aos assistidos.**

O QUE SÃO BANHOS NATURAIS? Além dos banhos preparados há os Banhos Naturais, que são aqueles realizados em locais de vibração da natureza e considerados excelentes para equilíbrio dos corpos físico, mental emocional e espiritual. **ÁGUA DE MAR:** é ótima para descarrego e para energização, faz vibrar a energia de Yemanjá. **ÁGUA DE CACHOEIRA:** a água que bate nas pedras é um poderoso "desinfetante" de impurezas, sob a vibração de Oxum. A queda d'água em contato com o corpo descarrega e restitui energias. **ÁGUA DE RIOS E LAGOAS:** é amplamente conhecida por ter emanações de cura. Se o rio tiver **pouco movimento**, com as águas quase paradas como a lagoa ou mangue, tem energia purificadora e curadora. Se o **rio tiver corredeira** e a lagoa movimento, a energia da água é energética e equilibradora. **ÁGUA DE MINERAL/MINA:** equilibra os chacras com a harmonização de Oxalá e Nanã. **ÁGUA DE POÇO:** é recomendada para os males no físico, mas também desajustes no corpo espiritual porque tem a força transformadora e curadora de Omulu. **ÁGUA DE CHUVA:** energiza e purifica. Depois de cair no chão é muito indicada para descarrego de ambientes internos com a vibração de Iansã.

COMO SÃO ESCOLHIDAS AS ERVAS USADAS NOS BANHOS E DEFUMAÇÕES? As ervas são escolhidas para serem queimadas na defumação ou usadas nos banhos de acordo com o objetivo que se quer obter, por essa razão utilizam-se mais de um tipo de erva ao mesmo tempo.

Gongá

O QUE É GONGÁ? Gongá é ponto principal de Axé no Terreiro também chamado de Congá, Altar, Peji e Jacutá. É um ponto de grande força e poder de onde irradiam as vibrações que favorecem a realização das Giras. O Gongá, para efeito de entendimento, age durante a Gira como um reservatório de distribuição onde a energia espiritual e mental de todas as orações, cânticos de louvor, pontos cantados, força de cada pensamento, emanações mentais dos encarnados e desencarnados e as súplicas são concentradas e depois de tratadas são distribuídas aos médiuns e assistidos.

QUAL É A DIFERENÇA ENTRE GONGÁ E TRONQUEIRA? O Gongá e a Tronqueira são campos de força do Terreiro, sendo que o primeiro irradia energias positivas a todos e o segundo absorve as energias negativas de todos, de modo que a força no Terreiro, mesmo que ninguém veja, está atuante e em grande movimento, ajudando a todos.

COMO DEVE SER MONTADO UM GONGÁ? Não há uma forma predeterminada de como montar um gongá. **O gongá deve ser feito como manda o coração, seguindo como regra a simplicidade.** Gongá não é para ostentar riqueza, não é para alimentar orgulho, não é para chamar atenção nem exaltar vaidade.

O QUE É PONTO DE AXÉ DE UM TERREIRO? Dos Orixás são emanados o poder, a energia e a força presentes em cada ser humano e em cada entidade e matéria existentes no Universo. A essa emanação que ampara homens e mulheres se dá o nome de Axé. Pode ser representado por um objeto imantado e consagrado, e que por isso está carregado com a energia dos Orixás ou Guias espirituais. O Gongá é um ponto de Axé.

GIRA

O QUE É GIRA? Gira refere-se à Sessão umbandista com cânticos e danças para cultuar as Entidades e Orixás, e também designa a "corrente espiritual". Embora seja variada nos diversos Terreiros quanto ao ritmo e costumes, é consenso que há três tipos básicos: Gira Festiva, Gira de Desenvolvimento e Gira de caridade.

O QUE É GIRA FESTIVA? É aquela em que se comemoram datas específicas do calendário umbandista, como a Festa das Crianças (Erês) com farta distribuição de doces.

O QUE É GIRA DE DESENVOLVIMENTO? É reservada apenas para os "filhos da Casa", não tendo a participação de assistidos, ocasião em que se dedica exclusivamente ao "desenvolvimento" mediúnico dos médiuns iniciantes, bem como das práticas ritualísticas do Terreiro.

O QUE É GIRA DE CARIDADE? É a que se dedica ao atendimento das pessoas em geral feito pelas Entidades trabalhadoras em auxílio dos que procuram amparo, sempre fiel ao compromisso com a Caridade. Nela, os assistidos conversam com Entidades como Preto Velho, Caboclo, etc., com o propósito de obter ajuda e conselho para suas vidas, cura de males físicos e problemas espirituais diversos.

QUAL É A FORMA CORRETA DE FAZER UMA GIRA DE UMBANDA? A forma correta é como é feita em cada um dos Terreiros e ninguém deve julgar porque seria uma intromissão injustificável. A maneira como é conduzida a Gira em cada Terreiro só diz respeito ao Dirigente e aos trabalhadores no nível terreno e espiritual.

POR QUE HÁ TANTAS DIFERENÇAS DE CULTO DE UM TERREIRO PARA O OUTRO? A Umbanda é uma religião genuinamente brasileira que nasceu sob a influência das religiões africana, católica, espírita, e devido a essas diferenças há Terreiros que tenderão a exaltar mais uma ou outra influência. Quando um umbandista sente o chamado e funda um novo Terreiro, traz consigo a raiz da casa de onde veio, o modo como os trabalhos eram conduzidos lá e, não raro, todo o rito. Com o tempo vai percebendo qual é necessidade missionária de sua própria missão e vai adequando o culto aos objetivos da corrente espiritual do seu próprio Terreiro.

HÁ QUANTAS CORRENTES DE CULTO DE UMBANDA? Muitas, porém algumas usam o nome de Umbanda e fazem sacrifício de animais, trabalhos de amarração e cobram pelos atendimentos, e estas **NÃO SÃO** Umbanda sob nenhum argumento nem justificativa. Apropriaram-se indevidamente do nome de linda religião que só faz o bem e a caridade.

POR QUE HÁ GIRAS ESPECÍFICAS DE EXU UMA VEZ AO MÊS? É importante que haja para descarregar, expurgar, encaminhar e limpar o Terreiro e os médiuns dos trabalhos feitos durante o mês. Exus e Pombogiras são os que dão o primeiro combate às forças sombrias, são eles também que trazem as ordens dos Orixás para os níveis mais baixos em que estão os seres humanos, lembrando que são os executores do carma e atuam para o desmanche de trabalhos trevosos. Naturalmente é necessário Gira específica e frequente para limpeza e descarrego.

POR QUE O MÉDIUM TRABALHA DESCALÇO NAS GIRAS? Nem todos trabalham descalços, mas o ideal é que não se use nenhum tipo de calçado, primeiro por uma questão de humildade, segundo porque facilita a incorporação, e por último porque além de descarregar mais facilmente as energias pesadas no solo também capta a vibração positiva que vem do chão.

POR QUE HÁ CERTAS GIRAS EM QUE OS MÉDIUNS SAEM ESGOTADÍSSIMOS? São vários os motivos. Os médiuns iniciantes gastam muita energia no processo de captar e entender as ideias recebidas dos Guias. Outra causa pode ser a falta de preparação adequada do médium, como por exemplo, não tomar o banho de ervas antes dos trabalhos, pois muitos não entendem a importância da energia das ervas no perispírito e não se preparam adequadamente. Entidades mal intencionadas também "sugam" a energia do médium. Em um determinado momento do trabalho em Gira aberta o Guia chefe da cabeça do médium toma a frente do trabalho, capta sua energia espiritual e a distribui entre todos os trabalhadores da corrente mediúnica, de modo a formar um escudo de proteção com a finalidade de proteger o campo astral dos médiuns da corrente da ação de espíritos desordeiros e sofredores. Em trabalhos muito "pesados" a energia recolhida é grande, o que também desgasta o médium.

Amací

O QUE É AMACÍ? É um banho ritual de lavagem de cabeça, para limpar o campo energético do médium afim de melhor aproximação de energias dos Espíritos mais elevados da Umbanda. Os que não são médiuns e nem participam como trabalhadores da corrente espiritual também podem fazer o Amací, e é uma boa oportunidade para limpar o campo energético do corpo e trazer fluídos melhores (devem estar vestidos com roupa branca). Acontece anualmente com a finalidade de preparar os médiuns para receber as energias do Terreiro de forma mais intensa, e também entrar em contato direto com o poder de seu Orixá de frente. É feito com folhas maceradas que se deixa repousar após colheita, pedindo a proteção de Ossaîn, Orixá responsável pelas ervas e folhas. Escolhidas as plantas conforme a orientação do Dirigente ou do Guia Chefe do médium, são maceradas na água de cachoeiras, nascentes ou rios e que tem por finalidade a lavagem de cabeça do médium, pois é onde vibra o Orixá. Pode-se dizer que este é o primeiro sacramento da Umbanda.

SE EU FIZER O AMACÍ ESTAREI COMPROMETIDO E NUNCA PODEREI SAIR DA UMBANDA? É importante salientar que o Amací não é um compromisso perpétuo com a religião e nem tampouco com o Terreiro, e que nada na Umbanda prende o filho de fé, portanto nada que se faça é uma responsabilidade pétrea da qual não será possível desistir quando quiser.

DEITADA

O QUE É DEITADA? Não são todos os Terreiros que adotam o ritual chamado **DEITADA PARA O ORIXÁ** ou **DEITADA PARA O SANTO**. Consiste em rito onde o médium fica recolhido durante algumas horas sobre uma esteira, podendo ser no espaço das Giras próximo ao altar ou em outro local determinado pelo Dirigente porque varia de acordo com o Terreiro. A finalidade da Deitada é proporcionar ao médium caminho para reflexão através de poderosa conexão com seus Orixás, Guias e seu próprio Orí (cabeça). Nesse ritual o médium fica recolhido durante algumas horas, e nessa comunhão com os Mentores o médium eleva seus padrões mentais e espirituais, adquirindo condições de receber orientação do alto.

COROAÇÃO

O QUE É COROAÇÃO? Coroação é um tipo de "Primeira Comunhão" na Umbanda, um ritual fundamental e muito emocionante porque simboliza o desenvolvimento do médium, um rito de passagem que ele alcançou mediante esforço e dedicação. Representa o ponto em que médium e Guias juntos já possuem domínio suficiente para desenvolverem bom trabalho de caridade desinteressada. Em algumas Casas é no dia da Coroação que o Guia Chefe incorpora e se apresenta por inteiro, ocasião em que reafirma seu nome (porque já o terá feito antes), risca o ponto, apresenta a Falange na qual trabalha. Então, simbolicamente, ao som de cânticos entoados por todos os presentes, o Guia Chefe da Direita do Terreiro coloca no Orí (cabeça) do médium incorporado uma Coroa quase sempre confeccionada com folhas e ervas trançadas, que **simboliza a ligação afetiva e moral do médium com seus Guias espirituais,** assim como a união e respeito de todos, médiuns e Entidades, aos Orixás e a corrente mediúnica do Terreiro. Ao coroar o Guia Chefe do médium e o próprio médium ao mesmo tempo, tem a beleza da virtude que se conquista através do trabalho desinteressado em benefício de todos os irmãos, filhos de Oxalá.

O MÉDIUM QUE FAZ A COROAÇÃO TORNA-SE SACERDOTE DE UMBANDA? Não tem nenhuma relação com a formação sacerdotal. A Coroação é o subir de mais um degrau na imensa escadaria do crescimento espiritual.

BATIZADO, CASAMENTO E FUNERAL

O QUE É O BATIZADO NA UMBANDA? Nas religiões de origem africana **a finalidade do batizado é criar um laço entre o ser humano e seu Orixá, tornando o corpo um verdadeiro altar.** Na Umbanda o batismo é ritual sagrado e simbólico que significa submissão da criatura humana a Olorum (Deus). É a invocação das bênçãos divinas de Oxalá, um ato de amor aos Orixás e aos Guias de Luz, reafirmando na cerimônia o compromisso por toda a existência carnal com a Caridade. Ao receber o batismo o batizado aceita de boa vontade o trabalho e dedicação para com a religião de Umbanda. O batismo acontece na Umbanda, além de opção pessoal do médium ou assistido que queira adotar a Umbanda como religião, também por opção dos pais quando do nascimento da criança. *"O batismo é, portanto, uma apresentação às divindades da Umbanda, para que enviem as suas vibrações ao espírito encarnado e assim ele passe a receber a proteção dos Orixás. O espírito e o mental do que foi batizado passam a ser amoldados sutilmente na nova vida, na nova religião, revestidos com uma aura protetora divina."*

PODEM SER REALIZADOS OS CASAMENTO NA UMBANDA? Sim, pode e deve. O Brasil é um estado laico, que significa não pertencente a uma religião e nem tampouco ser sujeito a ela, onde por lei há liberdade para os cidadãos manifestarem a sua fé religiosa qualquer que seja ela, sem haver controle ou imposição de uma religião específica. Muitos umbandistas, talvez por desconhecimento de que a Umbanda tem seus ritos e sacramentos próprios, ainda se casam na igreja católica, lá batizam suas crianças, porém as religiões de matriz africana tem todo o respaldo legal para realizar tais atos tanto quanto cerimônias realizadas em catedrais, mesquitas, sinagogas e templos. **Os umbandistas tem que casar em seus Terreiros, batizar os filhos e a sí mesmos reafirmado no ato do batismo e do casamento a entrega e amor aos Orixás por escolha pessoal,** porque casamento na Umbanda não é considerado um dever religioso. As formalidades do registro civil precisam ser observadas para que a cerimônia seja reconhecida, e então, no lugar de um juiz de paz a união é realizada por um Sacerdote de Umbanda. **Não é preciso nem é correto o umbandista recorrer a outras religiões para realizar seus rituais e cerimônias.**

O QUE É FUNERAL NA UMBANDA? Funeral é um ritual religioso de despedida que se realiza logo após a morte de um ser humano. A morte para os umbandistas é apenas a passagem da dimensão terrena para a dimensão espiritual, onde os que desprendem do corpo serão sustentados pela vibração de Omulu/Obaluaiê, que é quem rege o instante da passagem do corpo material para o espiritual. Guardião dos Mortos e das Almas, são seus falangeiros e capangueiros que amparam os seres no momento do desenlace, afim de que o espírito possa cortar os laços de apego com esse mundo e com seu corpo físico. A grande maioria precisa de ajuda e amparo, pois o processo de desligamento é difícil, principalmente porque as pessoas estão ligadas vibratoriamente ao planeta. Oyá Iansã, a Senhora dos espíritos dos mortos, é quem vibra sobre os desencarnados emanando os fluidos necessários de modo a encaminhá-los aos seus planos espirituais correspondentes. É Iansã quem servirá de guia, ao lado de Omulu/Obaluaiê, e indicará o caminho a ser percorrido pelas almas de acordo com o merecimento. O afastamento dos obsessores sempre é feito com o indispensável auxílio desta Ayabá, pois atormentadores não obsediam somente os que estão sob a proteção do corpo físico, simplesmente o fazem com sentimentos, pensamentos fixos, atraindo para perto também os já desencarnados.

ORGANIZAÇÃO, CARGOS E PRÁTICA

Para conhecer mais sobre a organização, os cargos e as práticas da Umbanda sugerimos a leitura do livro "Os Rituais de Umbanda"

DIRIGENTE

O QUE É DIRIGENTE? Dirigente também é chamado de Sacerdote, Pai ou Mãe de Terreiro, Pai ou Mãe do Santo, Padrinho ou Madrinha de Umbanda, Chefe de Terreiro, Zelador(a) de Santo e Cacique de Umbanda. São termos usados para designar a pessoa responsável ou que possui autoridade máxima na Casa, e deve dirigir e comandar os trabalhos espirituais. O ideal é que o Terreiro tenha um líder e não um chefe, devido ao espírito de liberdade que predomina na Umbanda.

TODO MÉDIUM TEM A POSSIBILIDADE DE SER SACERDOTE? Sim. Basta querer. Os fundamentos necessários para abrir uma Casa de Umbanda são ensinados pelos Pais ou Mães do Santo aos seus filhos e filhas de fé que manifestem vontade de ter seu próprio Terreiro, mas infelizmente alguns se sentem ameaçados e tendem a isolar o médium com o pensamento de que este quer tomar seu lugar, pensamento mesquinho e despropositado que se torna uma das causas de número reduzido de Terreiros da religião de Umbanda.

QUAL É A MAIOR E MAIS PENOSA FUNÇÃO DO DIRIGENTE? Ajudar o filho de fé desenvolver raciocínio coerente para que não caia nos excessos da superstição. Ao Chefe da

Casa cabe exercer a capacidade de julgamento sem considerar simpatia ou antipatia pessoal. Os ensinamentos que os verdadeiros Dirigentes passam aos médiuns é a necessidade de desvincular a fé da paixão que gera o fanatismo, fé fundamentada na reflexão e no pensamento analítico, longe de cegas crenças, de lorota sem base na razão ou no conhecimento que levam a criar falsas obrigações e a temer coisas inócuas. Difícil missão haja à vista que muitos também creem em coisas equivocadas. Eles têm a função de cuidar e zelar da vida espiritual dos médiuns, orientar e dirigir os trabalhos abertos e fechados ao público. São os responsáveis por fazer cumprir as diretrizes estabelecidas pelo Astral.

É PRECISO ESTUDAR PARA SER DIRIGENTE? Na religião de Umbanda muitos Dirigentes não têm nenhum tipo de graduação porque quase não há cursos destinados a tal atividade (e os poucos disponíveis são pagos), sendo seus conhecimentos adquiridos na prática.

POR QUE ALGUNS DIRIGENTES NÃO ADMITEM QUE OS FILHOS DA CASA VISITEM OUTROS TERREIROS? É PREJUDICIAL O UMBANDISTA IR À CASA DE UMBANDA QUE NÃO SEJA A SUA? O Católico não é proibido de frequentar igreja além de sua paróquia, o Protestante pode tranquilamente participar de outros cultos, judeus são bem vindos em qualquer sinagoga, os rituais budistas estão abertos a todos os visitantes e o mesmo nas mesquitas dos muçulmanos. Alguns Dirigentes de Umbanda realmente fazem restrição que seus seguidores frequentem outros Terreiros, quase sempre alegando que a "energia" do outro "atrapalha". Porém, sendo a Umbanda *"a manifestação do Espírito para a caridade"*, trata-se de argumento insustentável, é igual dizer que só em seu Terreiro há "a verdadeira Umbanda", sendo que nos outros lugares há emanações ruins. Geralmente o que de fato atrapalha é o temor que alguns têm de "perder" seus seguidores para outros Terreiros. Aí prejudicial não é o lugar e sim a insegurança.

MÃE PEQUENA E PAI PEQUENO

O QUE É MÃE PEQUENA E PAI PEQUENO? Há uma hierarquia dentro dos Terreiros de Umbanda, visando a organização e disciplina, sem as quais não seria viável seu pleno funcionamento. O Dirigente, ou Pai e Mãe do Santo, é a autoridade máxima e responsável por tudo o que ocorre nas Giras. O Pai Pequeno ou Mãe Pequena são as segundas pessoas no comando, cuja função é substituir o Dirigente em sua ausência, e com a obrigação indiscutível de fazer com que tudo ocorra rigorosamente dentro da linha determinada pelo líder principal. Em algumas Casas o Pai Pequeno, *Bàbá Kékere*, e a Mãe Pequena, *Ìyá Kékere*, são escolhidos pelo Dirigente.

CAMBONE

O QUE É CAMBONE? Cambones ou Cambonos(as) são médiuns de sustentação que não incorporam. Auxiliam o chefe de Terreiro e o Guia Chefe garantindo segurança, firmeza e proteção para os médiuns de atendimento, para os assistidos e para o trabalho de um modo geral. É o(a) Cambone quem atende os

Guias Espirituais incorporados em suas necessidades materiais. Também cabe ao Cambone fiscalizar o comportamento de todos dentro do Terreiro, incluindo aí as Entidades trabalhadoras para certificar que nada saia da normalidade, e caso aconteça é sua obrigação acionar a direção do Terreiro. Importante salientar que Cambone é médium de sustentação e auxiliar dos trabalhadores, e não empregado ou serviçal de ninguém. Como é responsável por zelar pelos Axés dentro do Terreiro é preciso que seja de absoluta confiança do Dirigente da Casa.

Ogãs ou Curimbeiros

O QUE É CURIMBEIRO OU OGÃ? Ogãs, Curimbeiros ou Tabaqueiros são os médiuns que não incorporam. Responsáveis pelo canto e pelo toque (ritmo) nos Atabaques, a maioria é intuitiva e sacerdote nato, cuja missão espiritual é "falar" pelo Orixá porque suas mãos são instrumentos de comunicação entre o mundo visível e invisível. Em muitos Terreiros é Coroado como Ogã para exercer a função.

CURIMBEIROS TAMBÉM TÊM OS SEUS GUIAS E ORIXÁS? Sim, apenas não se apresentam de modo a serem reconhecidos através da incorporação. São Entidades espirituais que auxiliam nos ritmos dos atabaques e considerados Guardiões dos mistérios que envolvem os Pontos Cantados. Forma corrente espiritual de mestres da música que conhecem o som sagrado dos tambores.

POR QUE AS PESSOAS CANTAM E BATEM PALMAS JUNTO COM OS ATABAQUES? O ritmo das curimbas (atabaques), unido ao movimento da dança e da música juntamente com as palmas que as acompanham, induz a um estado de percepção aumentada. A Umbanda utiliza amplamente as danças e tambores rítmicos para provocar o estado de consciência no qual os médiuns entram em contato com seus Guias, facilitando a incorporação. Os tambores estimulam a sensibilidade e permitem que energias individuais e coletivas se unam nos rituais de Umbanda, tornando os Ogãs os "cavalos" que levam os médiuns em viagens a outros círculos de consciência.

QUAL É A FUNÇÃO DOS OGÃS? Durante a Gira os Ogãs marcam cada parte do ritual, por exemplo, a defumação, abertura, chamada, sustentação e subida das Entidades, e fechamento do ritual. São polos captadores e distribuidores de energia de formidável ajuda aos médiuns, porque estão em compasso com todos os trabalhadores da corrente mediúnica do Terreiro, físicos e espirituais. Pelas mãos dos Ogãs os Pontos Cantados transmutam-se de meras músicas em poderosas preces cantadas.

OGÃS DEVEM SER SEMPRE DO SEXO MASCULINO? No Candomblé sim, porém não na Umbanda, onde não há distinção de gênero. Homens e mulheres podem igualmente ocupar todos os cargos no Terreiro.

OGÃS MULHERES TOCAM BEM A CURIMBA? Tão bem quanto os homens.

DIZEM QUE AS MULHERES NÃO TÊM FORÇA FÍSICA PARA BATER NO COURO DO TAMBOR COM AS MÃOS. Não se tocam os atabaques com força como se estivesse ali desabafando mágoas e frustrações. Não se descarrega força física nos tambores. Os atabaques devem ser tocados com amor e fé, é preciso dialogar com eles. Os tambores são segredos que só os Ogãs que nasceram com a missão sabem desvendar, independente do gênero ao qual pertença.

<u>Atabaques ou Curimbas</u>

O QUE É CURIMBA OU ATABAQUE? Os atabaques vieram com os africanos que falavam a língua yorubá, de onde vem o culto dos Orixás, e se chama "Rum", que significa tambor grande, "Rumpi" que designa o tambor médio, "Runlé ou Lé", nome dado ao menor tambor dos três. **A denominação "atabaque" foi dada em nosso país. Outras culturas africanas diferentes que vieram para o Brasil utilizam outros tambores com formas diferentes, geralmente chamados "Engomas".**

POR QUE FOI ESCOLHIDO O ATABAQUE SE EXISTEM INÚMEROS INSTRUMENTOS? Na África o toque dos atabaques comunicava todos os acontecimentos sociais, nascimento, casamento, morte, plantio, colheita e para cada acontecimento existia um som diferente. Herdeira dos ritos e tradições religiosas africanas, a Umbanda utiliza os atabaques muito além do simples instrumentos de percussão. Os atabaques são tão importantes na liturgia da religião de Umbanda que os próprios Guias quando chegam cumprimentam o Gongá e depois os Atabaques, e ao se despedir, fazem o mesmo ritual. Durante as Giras são tocados para manter a vibração harmônica e equilibrada, e auxilia o corpo mediúnico a permanecer em concentração mental.

ALGUNS CRÍTICOS DA UMBANDA, EM ESPECIAL OS ADEPTOS DO ESPIRITISMO, GOSTAM DE AFIRMAR QUE TEMPO VIRÁ EM QUE SERÃO ABOLIDOS OS "BARULHENTOS ATABAQUES" E OS GUIAS TRABALHADORES ESTARÃO "EM SILÊNCIO SENTADOS AO REDOR DE UMA MESA", A EXEMPLO DO QUE OCORRE EM SEUS CENTROS. Entendendo como sendo a sua a "mais perfeita filosofia/religião que Deus ofereceu ao homem para lhe servir de guia e modelo", quais os donos de escravos que proibiam expressamente a dança e música dos negros com a alegação de que produzia som demoníaco e horroroso, os assustados "senhores de engenho modernos" jamais criticaram o instrumento musical chamado Órgão, por muito tempo indispensável nas igrejas católicas, nem os sinos e mais recentemente o violão. Nem se ouve murmúrio sobre os conjuntos instrumentais que alegram os cultos neopentecostais. Pois bem, da mesma forma que os sinos dobram nas igrejas chamando os fiéis para as missas, os atabaques chamam os Guias e a força dos Orixás, e pelas mãos dos Ogãs os filhos de fé podem vislumbrar uma ínfima parte do mistério espiritual conhecido somente pelos Orixás, que são manifestações da consciência divina.

SE ALGUNS ADEPTOS DO ESPIRITISMO SÃO TÃO CRUÉIS COM A UMBANDA EM SEUS JULGAMENTOS, POR QUE SOMOS ACONSELHADOS A ESTUDAR OS SEUS LIVROS? A reposta foi dada pelo próprio Codificador quando disse que Espiritismo não é a ideia de uma única pessoa (e muito menos a dele), mas a essência das instruções ditadas pelos Espíritos superiores. Assim, a obra Espírita não lhes pertence. Acrescenta Allan Kardec que qualquer pessoa pode estudar seus ensinamentos, pois os conhecimentos ali expostos encontram-se no livro da natureza. Os que pretendem ser exclusivos não devem ser levados a sério, estão engatinhando espiritualmente.

POR QUE EXISTE TANTO PRECONCEITO EM RELAÇÃO À MÚSICA NA UMBANDA SE MUITAS OUTRAS RELIGIÕES TAMBÉM FAZEM USO? O atabaque já era usado pelo Candomblé de antigamente e pelos escravos, portanto discriminado pela hierarquia branca da igreja católica. Consequentemente, a "boa sociedade" passou a pensar nele como instrumento de negro, coisa do demônio, objeto de macumba, claro que carregado de todo preconceito e discriminação tão profundamente enraizado quanto a cara de pau dos que, mentindo, negam que tem preconceito racial. No Antigo Testamento existem várias menções não só ao tambor, mas vários outros instrumentos utilizados em louvores a Deus. No Novo Testamento foram suprimidos em benefício da voz humana, inclusive o Órgão foi abolido dos cultos porque os padres consideravam profanos devido a serem utilizados nos cabarés, e com o passar dos anos foram readmitidos. A música que agradava a Deus no Antigo Testamento envolvia o uso de vários instrumentos de música, inclusive os desprestigiados tambores.

POR QUE TODOS NOS TERREIROS DE UMBANDA SÃO CONVIDADOS A ACOMPANHAR OS PONTOS CANTADOS COM PALMAS? Quando se inicia a Gira as palmas não são compassadas, alguns batem mais rápido que outros, cantam em tom mais alto ou fora do momento. Passados poucos minutos o ritmo e o tempo vão se afinando entre todos. É nesse momento que os problemas vividos durante o dia e a correria do cotidiano vão se assentando. A frequência cardíaca, ou seja, a quantidade de vezes que o coração bate por minuto, desacelera acompanhando a cadência das palmas, começa a haver mudança de atividade no cérebro, o médium aos poucos ingressa em estado diferenciado de consciência que propiciará a sintonia com seu Guia de trabalho, e logo toda a corrente de trabalho do Terreiro está em sintonia. Os assistidos, harmonizados com os cantos, o soar dos atabaques e as palmas, permanecem equilibrados devido ao padrão vibratório do ambiente.

PONTOS CANTADOS

O QUE SÃO PONTOS CANTADOS? A música é uma das mais antigas e valiosas formas de expressão da humanidade e na Umbanda se faz do canto instrumento de comunicação com Deus, com Orixás, Guias e com o mundo espiritual. Sendo um dos Fundamentos da Umbanda, **os Pontos Cantados são formas de**

oração, são como mantras que, juntamente com as palmas cadenciadas, servem para causar um estado de tranquilidade e paz interior, acalmar a mente e os sentidos, e ligam os médiuns e assistidos às forças superiores. A música é a comunicação direta com a alma e com Deus.

DE ONDE SE ORIGINAM OS PONTOS? Os Pontos tradicionais são cantados desde o nascimento da Umbanda a mais de um século, e foram trazidos à luz pelas Entidades da corrente espiritual, chamados **Pontos de Raiz.** Não são modinhas pueris com rima fácil como afirmam alguns, ao contrário, as letras são simples para facilitar a memorização, e identificam a Entidade trabalhadora, sua falange, sua "mironga" (segredo, mistério, magia) e os ritmos variam de acordo com a vibração espiritual e Linha que identifica cada Entidade. Há os chamados Pontos Terrenos que são criados pelos fiéis para homenagear um Orixá ou um Guia ou falange. Quando compostos com bom senso e sabedoria são aceitos enternecidamente pelos Guias. Porém alguns são absolutamente ridículos, sem fundamento, sem lógica, sem noção, chegando a envergonhar.

NO PONTO DE OGUM IARA, POR EXEMPLO, SAÚDAM-SE OS CAMPOS DE BATALHA PARA ENALTECER A VIOLÊNCIA? *"Se meu Pai é Ogun / Ogun vencedor de demanda / Ele vem de Aruanda / Pra salvar filhos de Umbanda / Ogun, Ogun, Ogun / Ogun Iara, salve os campos de batalha / Salve a Sereia do Mar".* A violência não é defendida e jamais é estimulada na Umbanda. Deve-se entender por "campos de batalha" a própria vida do ser humano e a luta incessante para vencer sua inclinação para as coisas que o afasta da Luz, suas próprias inferioridades. Uma guerra de muitas batalhas contra a própria inveja, ciúme, apego, violência e mesquinhez. De sua luta nesse campo de batalha depende o crescimento espiritual, o sossego interior e a paz familiar.

TEMAS GERAIS

Telepatia

TELEPATIA EXISTE? Sim, existe. Pensamentos, emoções ou atitudes podem ser transmitidos de uma mente para outra apesar da distância corporal que as separa. Comum a todos os seres, cada criatura pode transmitir suas ideias ao seu semelhante e na maior parte das vezes nem está consciente disso.

COMO FUNCIONA A TELEPATIA ENTRE ENCARNADOS? Um cérebro ativo envia ondas que são captadas por outro cérebro receptor passivo, por que ambos sintonizam-se na mesma faixa vibratória de transmissão mental.

SE OS ENCARNADOS PODEM SE COMUNICAR ENTRE SI PELOS FIOS DO PENSAMENTO, IGUALMENTE PODEM OS DESENCARNADOS? Sim, e podem muito mais facilmente, porque eles se encontram livres dos embaraços da matéria. Quando um Espírito (encarnado ou desencarnado) pensa, imediatamente envia ondas de fluidos que vibram na direção desejada. Os desencarnados, mesmo os que estão nos estágios inferiores da evolução, em geral possuem facilidade de captar essas ondas e imagens.

AS EVOCAÇÕES E ORAÇÕES SÃO UMA ESPÉCIE DE TELEPATIA? As Evocações são, na verdade, um chamamento direcionado mais intensamente do pensamento para um Espírito alvo. Deste modo, se os encarnados enviam seus pensamentos aos desencarnados, o oposto também se dá, os desencarnados também transmitem seus pensamentos aos encarnados. Eis aí a mediunidade.

ARUANDA

O QUE É ARUANDA? Originalmente Aruanda era o porto principal de Angola, situado no continente africano, de onde partiam os negros sequestrados e trazidos ao Brasil na condição de escravos, e essa região ficou na memória coletiva dos cativos como o lugar onde encontrariam novamente a liberdade. Considerando que Aruanda era um local de reencontro e felicidade pela volta ao lar, convencionou-se denominar "o espaço" onde, teoricamente, habitam espíritos trabalhadores do bem e da caridade como Luanda ou Aluanda ou Aruanda. O livro "*Tambores de Angola*", psicografado pelo médium Robson Pinheiro através do espírito de Ângelo Inácio, explica que *Aruanda é uma colônia específica no plano espiritual, onde residem espíritos de muita luz, constituídos em sua maioria de Pretos Velhos e Caboclos, e que são os responsáveis espirituais pela Umbanda*. Vimos no filme "Nosso Lar" as chamadas "Cidades Astrais", que nada mais são do que comunidades agrupadas em grandes egrégoras com até dezenas de milhares de almas.

EGRÉGORA

O QUE É EGRÉGORA? Egrégora é a denominação da força espiritual criada a partir da soma de energias coletivas, sejam elas mental, emocional ou espiritual, fruto da congregação de duas ou mais pessoas.

O QUE É NOSSO LAR? Nosso Lar é a mais famosa (embora não a única) cidade astral ou colônia astral relatada em livros espíritas.

POR QUE OS MUNDOS ESPIRITUAIS SÃO DESCRITOS DE MANEIRA MUITO VAGA E ÀS VEZES PUERIL? As ideias de Deus, em todo o mundo, são descritas de forma relativa ao grau de intelectualidade e capacidade de entendimento dos povos. Tem níveis muito sutis no universo que nossa mente não entende e nem temos palavras para expressar. Na hora de comunicar a ideia se recorre ao que é mais familiar

CATIMBÓ, JUREMA SAGRADA E JUREMÁ

O QUE É CATIMBÓ E JUREMA SAGRADA? Catimbó é uma religião originária da região norte e nordeste do Brasil, resultante da fusão entre os rituais africano, indígena e católico. Eram praticadas pelos sertanejos embaixo de árvores frondosas nos terrenos da caatinga, onde mesas eram repletas com imagens de santos, crucifixos e velas agregadas às crenças de origem africana, trazidas pelos negros escravos. O Catimbó foi perseguido e proibido por lei, tendo inclusive muitos adeptos sido mortos, e como forma de resistência houve uma junção com rezas católicas para poderem disfarçar suas práticas, e assim se explica a influência católica sofrida por mais essa religião. Quando os africanos fugiam dos engenhos onde eram escravizados encontravam abrigo nas aldeias indígenas, e negros e vermelhos trocavam o que tinham de conhecimento, inclusive religioso. Os africanos contribuíram com o seu saber sobre o culto dos mortos (chamados eguns) e dos Orixás, e os índios com a cultura das invocações dos espíritos de antigos pajés. Aos conhecimentos de índios e negros somou-se o saber dos portugueses, banidos no Brasil por serem considerados hereges pela Inquisição, e que traziam na bagagem a compreensão da natureza, das propriedades curativas de ervas e plantas e de sua força viva. Dessa mistura surgiu o culto a **Jurema Sagrada ou Catimbó**. Os negros, de origem banto, incorporaram os Caboclos a esse culto e passaram a chamá-lo de "Candomblé de Caboclo" ou "Samba de Caboclo".

O QUE É JUREMA? Jurema, chamada em algumas regiões do Brasil de Catimbó, vem do tupi-guarani e designa uma frondosa árvore que depois de crescida vive mais de 200 anos, onde índios enterravam os mortos junto de sua raiz e passavam a cultuá-los para que evoluíssem espiritualmente e habitassem o tronco, ajudando a todos da tribo em suas necessidades. A planta Jurema, nativa do agreste e sertão nordestino, é matéria prima para um dos maiores fundamentos do culto da Jurema

Sagrada que é uma bebida psicoativa (alguns afirmam que não é alucinógeno, mas sim erva de poder e força), à base de infusão das folhas com casca do tronco e da raiz misturado com mel de abelha, garapa de cana-de-açúcar e cachaça ou vinho que, acredita-se, alimenta e dá forças aos "encantados". A ingestão da Jurema, em conjunto com os toques e as cantigas rituais do Catimbó, provoca um estado de transe profundo, interpretado pelos catimbozeiros como a incorporação dos Mestres da Jurema. Estas entidades espirituais, que habitariam o Mundo Encantado ou Juremá, teriam sido adeptos do Catimbó que, ao morrerem, se "encantaram", ou seja, foram transportados a esta sublimação espiritual, de onde poderiam atender os vivos pela realização de curas e aconselhamento, desde que para tal fossem requeridos através da incorporação. Parecido com o Santo Daime, o **"Vinho da Jurema"** é servido a iniciados e clientes e a receita exata não é conhecida nem mesmo pelos praticantes, somente os Mestres conhecem o segredo.

QUANDO NA UMBANDA SE CANTA O PONTO "DEFUMA COM AS ERVAS DA JUREMA, DEFUMA COM ARRUDA E GUINÉ, BENJOIM, ALECRIM E ALFAZEMA, VAMOS DEFUMAR FILHOS DE FÉ", A QUE SE REFERE? Estão sendo chamadas as forças desse mundo encantado e mágico, porque cada erva tem uma finalidade, e é preciso conhecê-las. Na Umbanda a Jurema representa o universo vegetal, tem uma ligação profunda com Ossaîn que é o Orixá que manipula as ervas.

COMO SÃO CHAMADOS OS MÉDIUNS DO CATIMBÓ? ELES INCORPORAM OS MESMOS GUIAS DA UMBANDA? Os médiuns do Catimbó, chamados Catimbozeiros, incorporam seus mestres que são Caboclos, Pretos Velhos, Baianos, Boiadeiros ou Mestres que tiveram encarnação como catimbozeiros. Um grande Mestre da Jurema que foi juremeiro (também chamado catimbozeiro) José Pelintra de Aguiar, o Zé Pelintra. Diz a lenda que José Pelintra de Aguiar nasceu em Pernambuco, migrou para o Rio de Janeiro onde se estabeleceu no morro, vivendo pela Lapa como um malandro, e no final da vida voltou a Pernambuco, tornando-se Mestre da Jurema. **Jurema ou Catimbó não é Umbanda, são religiões distintas.**

O QUE É JUREMÁ? Importante não confundir Juremá com Jurema (sem acento). Se na Umbanda os Caboclos vêm de Aruanda, no Catimbó eles vêm do Juremá. É o mundo espiritual do Catimbó onde moram os Encantados, Mestres e Caboclos. Imagina-se que o Juremá seja composto de aldeias, cidades, estados ou reinados. A Grande Cidade do Juremá ou Cidade da Jurema ou Aldeia do Juremá é um centro de poder de onde emergem as falanges dos mensageiros de luz, Guias, conselheiros astrais, espíritos de luz, Caboclos, Caboclas, Capangueiros e etc. Diz a lenda que o número dos que lá habitam é maior do que os grãos de areia de todas as praias de nosso planeta.

QUEM HABITA O JUREMÁ? Habitam o Juremá os Caboclos e os Mestres. São inclusive essas duas categorias de entidades espirituais que tem seus assentamentos nas mesas de Jurema. Os Caboclos da Jurema são identificados como entidades indígenas que trabalham principalmente com a cura através do conhecimento das ervas, dão passes e realizam benzeduras com folhagens. São associados às correntes espirituais mais elevadas. Alguns Caboclos cultuados na Jurema-Catimbó são conhecidos na Umbanda, como Tupinambá, Rompe Mato, Arariboia, Urubatão, e no Catimbó entende-se que trabalham para o bem, mas que também podem ser entidades perigosas quando usados contra alguém, por isso são muito temidos e respeitados.

COMO SÃO EXPLICADOS OS MESTRES DA JUREMA?
Os Mestres Juremeiros são descritos como espíritos curadores de descendência escrava ou mestiça, e quando em vida possuíam conhecimento de ervas e plantas curativas. Morreram em decorrência de alguma tragédia e tornaram-se "*encantados*", podendo assim voltar para "*acudir*" os que ficaram "*neste vale de lágrimas*". Alguns deles se iniciaram nos mistérios e "ciência" da Jurema antes de morrer, outros adquiriram esse conhecimento no momento da morte. Também são denominados Caboclos da Jurema.

CABOCLO DA JUREMA COM CABOCLA JUREMA SÃO AS MESMAS ENTIDADES? Não. Cabocla Jurema, na Umbanda, é uma Entidade Guia Chefe da Linha de Oxóssi, embora também evocada no Catimbó. O nome Jurema é citado em muitos pontos cantados justamente por estar ligados a todos os maiores poderes espirituais responsáveis pela guarda e manutenção da vida que alimenta o planeta Terra, principalmente o poder das mães da natureza.

HUMAITÁ

O QUE É HUMAITÁ? Trata-se de uma fortificação defensiva militar paraguaia situada na confluência dos rios Paraguai e Paraná. Lá aconteceu a batalha do Humaitá (1868), durante a Guerra do Brasil com o Paraguai, devido àquele país ter invadido o Mato Grosso. Carente de soldados, iniciou-se o recrutamento para a formação dos Corpos de Voluntários da Pátria, tendo a palavra *"voluntários"* se tornado piada, pois a população era forçada a se alistar. Os donos de escravos negociavam com os recrutadores e mandavam os negros lutar em seu lugar e de seus filhos. Duque de Caxias, a fim de aumentar o número de soldados, prometera a liberdade aos escravos que lutassem. Nas senzalas os negros firmavam ponto ao Pai Ogun para que protegesse seus filhos, maridos, netos e irmãos. As tropas pediam a proteção de Ogun, seja diretamente ao Orixá, seja na forma de São Jorge. Assim a palavra "Humaitá" entrou para as cantigas de Umbanda e assumiu outro sentido, passando a ser um lugar sagrado onde mora Ogun, porque aquela foi uma terra de pranto e de dor, e ao mesmo tempo onde se provou a fé dos negros. Humaitá passou a ser visto como símbolo de vitória, lugar de vencer demandas e desafios. Os escravos lutaram uma guerra que não era deles e ainda assim não esmoreceram, pois estavam sob a proteção de Ogun. Ao término da Batalha de Humaitá as tropas de Caxias saíram vencedoras. Há vários lindos Pontos cantados de Ogun que fazem referência a este lugar, que começou a ser transmitido até se tornar conhecido como a MORADA DE OGUN.

Demanda

O QUE É DEMANDA? Muito utilizado nos Terreiros, significa desentendimentos, conflitos, obstáculos colocados intencionalmente no caminho do indivíduo e agressões de toda espécie (inclusive as de natureza psicológica ou energética).

Catiço

O QUE É CATIÇO? Os chamados Catiços são espíritos que já tiveram encarnação na Terra. São espíritos incorporantes que dão consulta, trabalham sob as irradiações dos Orixás e denominados Caboclos, Erês, Pretos Velhos e todas as demais Linhas que compõem a egrégora umbandista. Também são chamados Guias.

Canjira

O QUE É CANJIRA? Alguns entendem que é um lugar no Terreiro destinado à realização de algumas danças religiosas. Outros entendem que é outro nome que se dá à Tronqueira.

Yorubá, Iorubá e Nagô

O QUE É YORUBÁ, IORUBÁ E NAGÔ? Nagô ou Anagô era a designação dada aos negros comprados na antiga Costa dos Escravos, um dos mais importantes centros de exportação do comércio de escravos no continente africano. Eles falavam o idioma **yorubá** que hoje é usado em ritos religiosos afro-brasileiros. A palavra **iorubá** designava uma das maiores etnias do continente africano em termos populacionais.

GESTUAIS E SAUDAÇÕES

O QUE SIGNIFICA AS SAUDAÇÕES NA UMBANDA? Saudar é cumprimentar, honrar e respeitar alguém ou alguma coisa, e na Umbanda saudação é o momento em que também se louva e reverencia.

O QUE SIGNIFICAM OS GESTUAIS QUE OS UMBANDISTAS FAZEM? Necessário entender que quando o umbandista entra no Terreiro está penetrando em ambiente sagrado, e deve pedir licença para adentrar naquele local. **Os gestuais são os sinais de respeito e ao mesmo tempo um pedido de permissão. A porta do Terreiro é a passagem ao sagrado,** ninguém pode simplesmente entrar nesse universo venerável como se estivesse entrando pela porta dos fundos da própria casa. A Tronqueira, que é onde está à firmeza de Esquerda, é mais um portal indispensável a quem pretende transpor o limiar dos mundos profano e sagrado.

POR QUE QUANDO SE CHEGA AO TERREIRO DEVE-SE IMEDIATAMENTE SAUDAR A TRONQUEIRA? Porque ela representa o limite entre a rua e a Casa espiritual, é o espaço destinado às Firmezas e Assentamentos de Exus e Pombogiras da Casa.

O QUE É BATER PAÓ? (pronuncia-se Paô) É uma palavra em iorubá que são palmas em cadência sincopada, empregadas como saudação a Exu, normalmente feita na Tronqueira.

POR QUE OS UMBANDISTAS TOCAM O CHÃO DO TERREIRO A PONTA DOS DEDOS? Este ato representa uma saudação ao chão onde está firmada a Força dos Orixás regentes do Terreiro, e também de onde, simbolicamente, vem a Força desses Orixás. Ao sair do Terreiro nunca se dá as costas para o Gongá, também como forma de respeito.

É CERTO DENOMINAR O CONGÁ COM OS NOMES ALTAR, PEJI OU JACUTÁ? Sim.

COMO SE REVERENCIA O CONGÁ? Em alguns Terreiros é costume o médium prostrar-se ao chão (deitar no chão de barriga para baixo) em postura de humildade. Em alguns Terreiros é costume o médium reverenciar o Gongá em pé. Há Terreiros em que o médium apenas deita-se de barriga para baixo em frente ao Gongá, e toca o solo com a testa em ato de louvor aos Orixás.

POR QUE SE SAÚDA O DIRIGENTE NA ABERTURA DAS GIRAS? Tem uma conotação especial. É preciso ter em mente que o Dirigente do Terreiro naquele momento é o representante dos Orixás aos quais os médiuns irão se unir, e também o representante dos Guias e Mentores da corrente mediúnica que se manifestarão através dos médiuns.

POR QUE NORMALMENTE O MÉDIUM BEIJA O DORSO DA MÃO DO DIRIGENTE (GUIA E MENTORES) E EM SEGUIDA LEVA O DORSO DA MÃO DO DIRIGENTE A PRÓPRIA TESTA (OJU ORÍ)? Isso significa que sendo a cabeça (Orí) que comanda e rege simbolicamente o médium, com esse gesto, coloca-se o médium subordinado ao poder dos Orixás e dos Guias que comandam o trabalho, representados pelo Dirigente. Por ser mais higiênico o médium pode substituir o beijo no dorso da mão por um toque em seu próprio queixo, em seguida leva o dorso da mão do Dirigente à sua própria testa.

POR QUE OS MÉDIUNS INCLINAM-SE EM REVERÊNCIA DEFRONTE AOS ATABAQUES? Porque durante a Gira sempre está presente toda uma corrente de espíritos que auxiliam nos toques e cantos das Curimbas ou Atabaques, e é essa Corrente Espiritual que se está cumprimentando.

POR QUE QUANDO SE SAÚDA A ESQUERDA E A TRONQUEIRA DO TERREIRO OS MÉDIUNS ENTRELAÇAM OS DEDOS COM AS PALMAS VOLTADAS PARA BAIXO FAZENDO MOVIMENTOS CIRCULARES? É uma forma ritualística de cumprimentar a Linha da Esquerda. Na Umbanda diz também *"saravar"* como sinônimo de cumprimentar. Está assim demonstrando respeito pela força espiritual dos trabalhadores da Linha de Esquerda e, ao mesmo tempo, dando-lhes boas vindas. As palmas voltadas para o chão é uma forma de captar as vibrações dos Exus e Pombogiras que vem do solo.

POR QUE ALGUNS GUIAS CUMPRIMENTAM AS PESSOAS BATENDO OMBRO NO OMBRO? Esta forma de cumprimento é sinal de fraternidade e amizade.

O QUE SIGNIFICA BATER CABEÇA PARA O SANTO?
Sendo a cabeça que comanda e rege o médium, o bater cabeça significa que esse médium respeita, obedece e se subordina de livre vontade aos Guias e Orixás. Na Umbanda a expressão usual é "Bater Cabeça" somente.

AJOELHAR-SE PERANTE O GONGÁ OU AO DIRIGENTE NÃO SERIA POSIÇÃO DE SUBSERVIÊNCIA E INFERIORIDADE? Os orgulhosos e vaidosos pensam assim, os humildes e caridosos entendem o quanto são pequenos diante de Deus e ajoelham-se em demonstração de respeito e amor pelos bons espíritos que nos assistem. Nenhum Guia jamais pediu que um filho de Umbanda se ajoelhasse.

POR QUE SE TOCA O SOLO QUASE SEMPRE TRÊS VEZES? É uma herança africana que a Umbanda incorporou em seu ritual. O número três significava o "assim seja". Deste modo quando, por exemplo, o nome de Ogun era pronunciado, os africanos tocavam três vezes o solo em um gestual que representava *"Que Ogun venha até nós, que assim seja"*.

POR QUE SE TOCA O SOLO? Também por tradição da cultura africana. Vindos sequestrados para o Brasil na terrível condição de escravos, os africanos enterravam secretamente objetos sagrados em solo brasileiro para não perderem totalmente o contato com suas raízes, e o transformava em "chão" dos seus Orixás. Hoje, em todos os Terreiros, a força dos Orixás regentes da Casa está firmada debaixo do chão em respeito à tradição. Ao tocar o solo, o filho de Umbanda pede permissão para entrar na Gira e força para realizar sua missão.

POR QUE NA MAIORIA DAS CASAS DE UMBANDA OS MÉDIUNS, AO INICIAR A GIRA E CUMPRIMENTAR O DIRIGENTE OU GONGÁ, GIRAM EM TORNO DE SI MESMOS? É forma de expressão para indicar uma ideia, chamada Simbolismo. Em alguns Terreiros o giro é feito à esquerda (sentido anti-horário) porque representa a volta ao passado, aos ancestrais, a união do médium com seus antepassados e seus Orixás. O médium está, nesse ritual, simbolicamente, unindo o passado ao presente para promover a unidade entre os mundos sagrado e profano. Em outros Terreiros o médium gira à direita (no sentido horário) que é o sentido da vida.

POR QUE A UMBANDA É CONSIDERADA A RELIGIÃO DOS PÉS DESCALÇOS? Os umbandistas tiram os sapatos em respeito ao solo do Terreiro, e também para reafirmar em cada Gira a simplicidade e humildade de seus ritos. Também há de se considerar que uma descarga energética mais pesada se dissipa no solo.

POR QUE NOS GESTUAIS QUASE SEMPRE HÁ TOQUE NA CABEÇA? Por herança africana. A cabeça, para os africanos, era a parte mais importante do corpo, considerada sagrada, pois é a cabeça quem comanda tudo. O mito por trás do ato de tocar a cabeça é o seguinte: a cabeça, sendo a parte mais sagrada do corpo, é composta pela cabeça física, pela cabeça interior (que chamamos de mente ou personalidade) e pela consciência (ou espírito). Durante o planejamento reencarnatório, a cada espírito é dada uma personalidade para vivenciar seu destino e acontecimentos determinados de antemão. Esse espírito também recebe a força dos ancestrais ou legado ancestral, que é aquilo que herdará dos antepassados e que não se limita somente às características físicas, tendo inclusive um profundo efeito sobre sua personalidade porque, mesmo sem o saber, será influenciado por acontecimentos que ocorreram aos seus pais, avós, bisavós e antepassados mais remotos, cujas emoções e memórias podem estar presentes em sua composição emocional e espiritual. Nesse planejamento reencarnatório o espírito recebe também seus Orixás. Considerando esse mito entendemos a representação ritual na Umbanda da seguinte forma: A testa representa o destino (odú), a parte da frente da cabeça (oju orí) significa o futuro, a nascente. A nuca ou a parte da trás da cabeça (ìpakó orí) representa o passado, os ancestrais e suas heranças, o poente. A têmpora direita, ou seja, o lado direito da cabeça (opá òtúm) representa o Orixá masculino. A têmpora esquerda ou o lado esquerdo da cabeça (opa osí) representa o Orixá feminino.

QUANDO SE DIZ QUE O ESPÍRITO HERDARÁ O LEGADO DOS SEUS ANTEPASSADOS E QUE NÃO SE LIMITA ÀS CARACTERÍSTICAS FÍSICAS, SIGNIFICA QUE HERDA TAMBÉM O QUE? Além da aparência física também estão latentes os dons, os sofrimentos, doenças, talentos, dívidas cármicas que ficam em inatividade parcial na memória de suas células, até sair do estado dormente e readquirir a mesma força e atividade como quando viva no antepassado. Atualmente há um método psicoterapêutico chamado Constelação Familiar que olha para as diversas consciências das quais somos tomados, com o mesmo princípio dos antigos africanos.

A UMBANDA ADOTOU OS RITUAIS E PRECEITOS AFRICANOS? Não todos, mas alguns que explicam os gestos e saudações, considerando que a religião de Umbanda foi formada basicamente da fusão espiritual de três etnias: o branco (colonizador), o índio (nativo da terra) e o negro (trazido como escravo). Na Umbanda nada é feito ao acaso, tudo tem fundamento, por exemplo, o ritual do Amací que é um ritual onde éfeita a lavagem com ervas da coroa ou orí (o centro da cabeça) do médium, cujo objetivo é reconhecer e conjurar as forças nela contida.

***

ZÉ PELINTRA

Advogado dos pobres, Mestre da Jurema, Malandro, Catimbozeiro, Dono da Noite, Rei da Magia, são muitos nomes para Zé Pelintra e sobre o qual não há meio termo: ou é amado ou é temido. Temido pelos que presenciaram médiuns despreparados dando voz a espíritos trevosos com os quais se unem pelo nível vibracional, e que se passam por Entidades de Luz para se divertirem e zombarem. Aqueles que presenciaram médiuns obsessores de si mesmos, desequilibrados, "recebendo" um Zé Pelintra vulgar, beberrão, vingativo, debochado, bocudo, tem razão de ficarem amedrontados. Outros amam verdadeiramente porque tiveram a oportunidade de conhecer de fato um trabalhador da religião de Umbanda que luta para ver os filhos em pé, que encanta pela gentileza sincera, que brinca com todos sem jamais perder o respeito por ninguém, seja homem ou mulher, e que a todos dá amor e que recebe igualmente muito amor.

PARA PENSAR

Tanto desconhecimento e preconceito acerca de Exus e Pombogiras chegam a bloquear a incorporação dos Guardiões e Guardiãs, sendo que em alguns Terreiros nem mesmo admitem trabalhar com a Linha de Esquerda por considerá-los espíritos rasteiros, sem evolução. Alegam que eles riem alto, gargalham, bebem cachaça, fumam charuto, e que assim procedendo demonstram que estão presos aos vícios carnais. Muitos umbandistas acreditam que basta prometer a Exu uma garrafa de cachaça para ele fazer tudo o que se pede inclusive "amarrar a vida" do desafeto. A Pombogira é vista como uma prostituta desclassificada que acaba com casamentos a troco de cigarrilha, bijuteria, batom e outras miudezas. Há ainda mulheres desequilibradas que dizem incorporar a Pombogira para "amarrar homem na cama" e quanto a isso, francamente, é tão grotesco que é melhor nem comentar. Para coroar a desinformação dizem que Exu Mirim é filho de Exu com Pombogira e é especialista em levar o desespero à vida alheia, desde que como pagamento receba cigarro sem filtro, farofa com pimenta e uma dose de cachaça. Nesta visão pouco esclarecida as Entidades de Esquerda se tornaram seres espirituais de dois gêneros, ao mesmo tempo em que são involuídos também são imbecis que trabalham a troco de migalhas. Levados pela desinformação que dá munição à infâmia, para piorar esse quadro já bastante tenebroso, há filhos de fé que tem expostas imagens de Exus retratados como o capeta dos católicos, corpo vermelho, rabo pontiagudo, pés de bode e provando que tudo o que é ruim ainda pode piorar, algumas estátuas de Exus tem chifres, o "coitado" é retratado com cornos. Há um enorme esforço em rebaixar esses valorosos trabalhadores de Umbanda, e com eles os umbandistas conscientes sentem-se também inferiorizados por constatar que em tão linda religião ainda há espaço para excesso de desinformação e grosseria.

VOCÊ SABIA QUE tudo na vida são afinidade e comunhão, que almas ignorantes atraem criaturas ignorantes, que doentes afinam-se com doentes, e que enquanto não mudar o padrão mental não adianta procurar ajuda em Terreiro?

"Mo nì omobìnrin ti Aféfe. Èmi ní Aloyá."

Eliana Pacco

Oyá - Iansã (Cláudia Amaral Argoud)

Livro 1 – Descomplicando os Guias de Umbanda

Livro 2 – Mediunidade na Umbanda

Livro 3 – Os Orixás na Umbanda

Livro 4 – O Ritual de Umbanda

Livro 5 – As Perguntas e Respostas da Umbanda

Umbanda, Muito Prazer!

Para saber mais sobre nossos títulos e autora, ou enviar seus comentários sobre este livro, mande email para elianapacco@gmail.com

NÃO PARECE OFENSIVO QUE SE CHAME UMA LINHA DE TRABALHO DE LINHA DE MALANDROS?

Não é ofensivo porque é preciso considerar que a Umbanda é uma religião que nasceu no começo do século passado, e os hábitos e costumes de então eram muito diferentes. Deve-se ter em mente que antigamente, quando a Umbanda ainda estava em formação, o malandro autêntico era homem digno e honesto. O malandro era seresteiro do morro, muito diferente do gigolô alinhado que aguardava nos cafés e bares a amante que vinha buscá-lo para almoçar, jantar e dormir com ela. Não se pode confundir o malandro de outrora com o homem que vivia à custa de meretriz e por ela era sustentado. Parte das representações do malandro trajando terno de linho branco, sapato de duas cores, anéis nos dedos e lenço na lapela segue a moda do começo do século 20, quando o "bom" malandro não tinha bens nem propriedades, nada além da roupa do corpo e que representava seu principal investimento.

"A maior missão na vida de todos os que aqui encarnam é aprender a usar o seu livre arbítrio."
(Zé Pelintra).